CB142996

Adolescente

viva em harmonia com ele

VALENTINA PIGOZZI

Adolescente
viva em harmonia com ele

Com prefácio do
Dr. Haim Grünspun

Editora Gente

Copyright © 2002, 2005 by Valentina Pigozzi

Editora	Rosely M. Boschini
Assistente Editorial	Rosângela Barbosa
Capa	Caio Carrado
Preparação	Tânia Roiphe
Revisão	Célia Regina R. de Lima
Projeto Gráfico e Editoração Eletrônica	Macquete Gráfica
Impressão e Acabamento	Gráfica Alaúde

Dados Internacionais de Catalogação na Publicação (CIP)
(Câmara Brasileira do Livro, SP, Brasil)

Pigozzi, Valentina
Adolescente - viva em harmonia com ele / Valentina Pigozzi ; com prefácio de Haim Grünspun. — São Paulo : Editora Gente, 2005.

ISBN: 85-7312-473-3
Bibliografia.

1. Adolescentes — Conduta de vida 2. Adolescentes — Fisiologia 3. Adolescentes — Comportamento sexual 4. Adolescentes — Relações familiares 5. Psicologia do adolescente I. Grünspun, Haim. II. Título.

02-3495 CDD-155.5

Índices para catálogo sistemático:

1. Adolescentes : Psicologia 155.5
2. Psicologia do adolescente 155.5

Todos os direitos desta
edição são reservados à Editora Gente.
Rua Pedro Soares de Almeida, 114, São Paulo, SP
CEP 05029-030, Telefax (11) 3670-2500
E-mail: gente@editoragente.com.br

Sumário

Agradecimentos especiais

Perdoem a cara amarrada,
perdoem a falta de abraço,
perdoem a falta de espaço,
os dias eram assim.
Perdoem por tantos perigos,
perdoem a falta de abrigo,
perdoem a falta de amigos,
os dias eram assim.
Perdoem a falta de folhas,
perdoem a falta de ar,
perdoem a falta de escolhas,
os dias eram assim.
E quando passarem a limpo,
e quando cortarem os laços,
e quando soltarem os cintos,
façam a festa pra mim.
E quando lavarem a mágoa,
e quando lavarem a alma,
e quando lavarem a água,
lavem os olhos por mim.
Quando brotarem as flores,
quando crescerem as matas,
quando colherem os frutos,
digam o gosto pra mim.
Digam o gosto pra mim.

AOS NOSSOS FILHOS
Ivan Lins

Agradeço ao Dr. Haim Grünspun, grande mestre e fonte constante de inspiração, que me agraciou com o bem mais desejado: suas sábias e doces palavras iluminando a abertura de meu livro.

Expresso igualmente minha gratidão a Helena Maria dos Santos, grande profissional e amiga, cuja revisão dos originais resultou em valiosas sugestões para um produto final de maior qualidade e clareza.

Endereço ainda meus agradecimentos à também amiga querida e destacada psicóloga Carolina Bacchi, que, mesmo distante, esteve próxima colaborando com meu trabalho.

E finalmente, como não poderia deixar de ser, agradeço ao meu pai, que, a seu modo, esteve sempre presente.

A todos aqueles que direta ou indiretamente contribuíram para a elaboração deste livro, meu muito obrigada.

VALENTINA PIGOZZI

Apresentação da Segunda Edição

O convite ao investimento em uma segunda edição destelivro veio do fato de a primeira edição ter fechado seu ciclo de vida com sucesso. Suas repercussões ultrapassaram as expectativas e agora cá estamos nós começando um novo ciclo de trabalho no sentido de procurar esclarecer as dúvidas mais freqüentes que a maioria dos adultos pode ter sobre essa fase tão instigante de nosso ciclo vital chamada adolescência.

E, como em toda mudança de ciclo, há um crescimento. No nosso caso, acrescentamos um capítulo ao conjunto da obra no sentido de torná-la mais completa. Infelizmente, hoje não há como se furtar a falar sobre as drogas.

No entanto, apesar da complexidade emocional envolvida no tema, buscamos continuar nosso bate papo em tom informal, tentando mais uma vez, ao invés de generalizar, personalizar, ao invés de adjetivar, substantivar e, acima de tudo, ao invés de afastar, aproximar. Queremos também aproveitar para brincar com a imagem sugerida pelo aumento de um capítulo para dizer que é possível crescer quando se assume a necessidade de falar abertamente sobre algo como as drogas. Se você também perceber que faltou falar ou fazer algo positivo em sua vida, volte atrás e fale ou faça. Não há nada de mal nisso. O ruim é não aproveitar os chamados que a vida sempre nos manda para nosso crescimento.

Os nossos inúmeros ciclos da vida nos dão a imagem que permite entender que o amadurecimento psicológico não se dá de forma linear, mas circular, com suas idas e vindas, que nos convidam o tempo todo a rever aquilo que acreditávamos ser assunto resolvido.

Não por acaso, esses ciclos passam então a ser marcados por crises, sejam elas quais forem. Sim, pois crise não significa necessariamente algo ruim. Significa apenas um convite à mudança, uma vez que o equilíbrio foi abalado.

Assim, no percurso da vida, nos deparamos vez por outra com essas mudanças de rota, que podem ser previsíveis ou não.

As crises imprevisíveis são aquelas que mais tememos por nos fazerem lembrar de situações traumáticas, como a perda de algo ou de alguém que estimávamos, um assalto, algum tipo de violência, uma doença, um acidente. Mas há também surpresas positivas que irrompem em nossa vida produzindo verdadeiras transformações, como ganhar na loteria, receber uma notícia boa, um reencontro, uma promoção ou mesmo o telefonema de seu editor convocando uma nova edição de seu livro.

Já as crises previsíveis são momentos, em sua grande maioria, esperados por todos no decorrer do ciclo vital, como um casamento, o nascimento de um filho, o seu crescimento e assim por diante. São momentos, muitas vezes até com data marcada, que nos chamam ao crescimento, a mudar a forma como vemos a nós mesmos e ao mundo que nos rodeia, que muda o tempo todo. É disso que nos falam as crises.

E a alternativa que as crises previsíveis nos abrem é exatamente a de buscar aprender suas lições o quanto antes, para que o impacto de uma nova realidade que se abre não se transforme numa trombada. Principalmente quando falamos do irromper da adolescência com seus hormônios, desejos e atitudes que passam a modificar não apenas uma pessoa, mas toda a família.

Os alquimistas do passado, que equivocadamente tentaram congelar o tempo com seu elixir da eterna juventude, descobriram a duras penas que o caminho não era bem por aí. Por fim, nos deixaram seus enigmas e mensagens cifradas mostrando que descobriram que assim como é em cima, é embaixo, ou que o micro e o macro se correspondem, só estando em escalas diferentes. Pois então, aproveitemos de todo o conhecimento humano disponível, mesmo daqueles que puderam aprender errando, para sermos nós mesmos os alquimistas de hoje cuidando da melhor forma possível das gerações que vão chegando, pois o adolescente de hoje e o adulto de amanhã são um só.

VALENTINA PIGOZZI
Agosto de 2005

Prefácio

DR. HAIM GRÜNSPUN

Ritologia é a ciência que estuda os rituais e ritos religiosos. É também a forma de observar a vida cotidiana. Quando você exerce a ritologia, observa os tipos de postura e gesto que as pessoas usam em suas rotinas diárias (McLaren, 1986).

O rito é usualmente visto em sua função conservadora. Nesse sentido, ele serve para transmitir os valores e as estruturas de uma sociedade para as gerações seguintes e mantém esses valores e estruturas durante os tempos. Os ritos podem também inspirar funções inovadoras. Durkheim em particular expressa essa visão e propósito (Kim, 1993).

Para pesquisar como os ritos incutem valores conservadores ou inovadores podemos nos ater sobre as unidades essenciais do rito. Para Turner, a unidade é o *símbolo*, e para Grimes, é o *gesto*. O *símbolo* focaliza os valores incrustados e seus significados; o *gesto* é o ato de assimilar esses valores e significados (www.hermetic.com/webster/soc-rit.html).

O sistema global do processo ritual se compõe de ambiente, ator do rito, ação e símbolo representado. O sistema completo é chamado de *invocação*.

Numa *invocação* o ator do rito é um ser corpóreo que sente, através do processo de algum meio (mídia) de comunicação (palavra, dança, imagem etc.), determinada influência sobre seu ser, incorporada em sua constituição. Um exemplo simples é alguém dizer "Pai Nosso" e sentir-se perante o "Pai".

A *invocação* pode ser realizada com o foco em outra pessoa que não a que realiza o rito. O batismo exemplifica isso – a criança é batizada.

Valentina Pigozzi nos traz em seu livro um arsenal enorme de ritos como símbolos, gestos e ações que nos esclarecem de forma arguta como lidar com as passagens do adolescente.

Dentre os ritos que várias culturas mantiveram e alguns povos indígenas brasileiros preservam, há o *couvade*. Após o nascimento do filho, o pai se recolhe na rede por vários dias com dores de parto. A mulher sente as dores do parto para dar nascimento ao corpo do filho, e o pai deve sentir as mesmas dores para dar o nome ao filho e assim propiciar o nascimento de seu espírito. Cada filho individualizado, com um corpo único, somente seu, com um espírito individualizado pelo nome, pertencente à família e à tribo. Na adolescência, muda o nome e adquire novo *nome de guerra*, que agora pertence ao mundo.

Dentro dos ritos da adolescência, Valentina globaliza nos títulos dos capítulos: a roda da vida, as mudanças corporais visíveis e invisíveis, sexualidade, família e sociedade. Parte de ritos culturais para os problemas atuais globais, procurando porém individualizar cada adolescente. Procura e consegue. Pais, educadores, psicólogos, sociólogos e historiadores encontram *seu* adolescente, com o nome adquirido no *couvade* ou com o *nome de guerra*.

A adolescência pode ser breve ou longa, incluindo ou excluindo a puberdade –, fenômeno hormonal humano que se inicia em um único ou em alguns segundos sucessivos, e tudo muda no organismo. A adolescência pode ser estendida por longo período, constando nele a pré-adolescência, adolescência, adolescência tardia e pré-juventude, num *continuum* do desenvolvimento, sem considerar as passagens como doenças, mas como problemáticas que se curam em determinado momento com a passagem para a maturidade. A autora aponta para todas as possibilidades em que os *já maduros*, os adultos, especialmente os pais, podem com seus próprios ritos ajudar na passagem pela adolescência. A ajuda consiste na compreensão dessas problemáticas pelos que rodeiam aqueles que entram com o *nome de guerra* e com ele enfrentam o mundo. O livro é um manancial de argumentos, questionamentos e respostas para essa compreensão.

Alguns autores contemporâneos consideram a *adolescência* uma invenção do século XX para rotular uma fase da vida humana como psicopatológica. Valentina Pigozzi, com feliz garimpagem de lendas e fatos históricos, aponta para os ritos que sempre existiram na passagem pela adolescência e para a complexidade dos ritos em várias culturas.

Alguns ritos podem ser inatos, aparecem nos primeiros relacionamentos entre os seres humanos e são revividos nas fases da adolescência. Brazelton (1992) nos ensinou sobre as diferenças na aproximação da mãe e do pai com o recém-nascido. A mãe chega com a mão em concha, para acalentar o bebê, e o pai com o dedo indicador, cutucando o bebê. Com inúmeros videoteipes, mostrava como o bebê reagia diante do pai: o corpo tenso, antecipando a chegada do dedo na barriga, no queixo ou no rosto, e o relaxamento após receber o cutucão.

A mão em concha desperta o ser humano para a vida interior e o afeto; o cutucar do homem desperta o ser humano para o alerta, o mundo circundante.

Por meio de questionários com crianças do curso primário, com púberes e adolescentes, seguindo os achados de Brazelton, obtivemos somente com adolescentes a compreensão da aproximação do dedo do pai. A mão espalmada da mãe, mesmo quando ameaçadora, não assusta o filho em qualquer idade, menos ainda na adolescência. O dedo em riste do pai não é compreendido pelas crianças pequenas e tem um significado poderoso para o adolescente.

Em seu livro, Valentina nos mostra quando e como deve ser mão acalentadora ou dedo em riste.

Bibliografia

BRAZELTON, T.H.: *Touchpoints* — The essential reference. New York: Addison Wesley Publishing Company, 1992.

KIM, A. R. "Changing society through ritual". In: Sam Webster, 1993.

McLAREN, P. *Schooling as a ritual performance.* London: Routledge and Kegan Paul, 1986.

São Paulo, agosto de 2001

HAIM GRÜNSPUN
Médico-psiquiatra
Psicólogo da infância e da adolescência
Bacharel em Direito
Professor de Psicopatologia Infantil da PUC-SP

Apresentação

Longe se vai, sonhando demais
Mas onde se chega assim?
Vou descobrir o que me faz sentir
Eu, caçador de mim.

CAÇADOR DE MIM
Sérgio Magrão e Luiz Carlos Sá

Os ciclos de evolução global ocorrem de forma muito similar aos ciclos do desenvolvimento humano individual, caracterizado por períodos de maior calmaria que se alternam com eras de profundas transformações e incertezas. Amadurecer significa entrar num labirinto de dúvidas e infindáveis interrogações. Assim, um mundo alicerçado em falsas certezas seria um mundo infantil, da segurança que é típica da criança, pois toda verdade possui uma data de validade, ainda que não tenha um rótulo. O mundo atual atravessa, portanto, um momento de desestabilidade geral que em muito se assemelha à famosa crise da adolescência.

Os adolescentes, conhecidos como os protagonistas de grandes mudanças, não somente em suas vidas mas também na de seus familiares e até na sociedade em geral, muitas vezes acabam negligenciados, justamente por acreditar-se que estejam bem com tudo isso. É como se eles estivessem em seu próprio hábitat, diante das ebulições sociais em que vivemos todos atualmente. E fica aquela pontinha de inveja nos adultos pelo fato de os jovens terem esse panorama de fundo para sua alquimia interior. Na verdade, isso não passa de um mito. Cada geração é diferente da anterior, e é isso que move a roda da vida.

A modernidade foi o movimento de separação de várias instâncias como o público, o privado, o religioso e o político. A pós-modernidade, com a globalização, parece estar resgatando a comunhão. Todas as revoluções tecnológicas nos levaram e ainda nos levam à perplexidade de não sabermos onde tudo isso vai dar. A adaptação a um mundo novo, com a explosão de informações, sobrecarrega a psique humana de formas ainda não decifradas pela ciência. A complexidade do mundo está mais aparente. O questionamento não é, portanto, um modismo, mas antes uma necessidade humana.

São tantos os pontos de interrogação que habitam o íntimo de cada ser humano neste período de transição que muitas vezes fica difícil olhar para o outro, tenha ele as mesmas questões ou outras.

A vida atual nos projeta o tempo todo para fora, com seu excesso de estímulos. A necessidade de estar informado, na moda e atualizado profissionalmente nos mantém em estado não só de alerta, mas de competição. O foco, no entanto, não está exclusivamente no que vem de fora, mas principalmente na forma como cada um lida com isso tudo. Como somos preparados para manejar essas condições de vida, se é que somos.

Desponta então uma angústia que torna fundamental, quase fisiológica, a necessidade de interiorização e de reencontro com o emocional. Essa é, por exemplo, a função das férias. Desligar-se do mundo das obrigações e poder estar com os seus ou consigo. Muito se fala de uma carência, que não se resolve nem na presença de pessoas queridas. Estamos carentes de nós mesmos. Nesses momentos pode estar surgindo uma situação diferenciada que recebeu o nome técnico de depressão. Mas é uma depressão que não vem como doença, mas como busca de saúde, de sair da doença em que já se está imerso.

Os ultravelozes avanços tecnológicos refletem bem uma corrida a passos de intelecto. O tempo de digestão mental está se esvaindo, e muitos sofrem de indigestão psíquica.

As informações nos atravessam sem que haja tempo suficiente para elaborá-las, digeri-las psicologicamente. Não há como saber de que forma a notícia recém-veiculada nos toca, ou até o que realmente pensamos a seu respeito, pois em seguida já vem outra, e mais outra, e muito mais, num ritmo frenético e crescente, o que acaba nos anestesiando. Nesse caso, cabe fazer um paralelo com a comida ingerida, que passaria a ser excretada sem ter sido digerida e aproveitada. Isso ilustra um tipo de inanição em que, apesar do consumo de grande quantidade de alimento, até mesmo de boa qualidade, o ser enfraquece.

A aposta que os povos primitivos faziam no imponderável, através da necessidade de alimentar a alma com lendas e crenças, foi de alguma forma transferida na atualidade para a mídia, com sua capacidade de fazer sonhar e criar mitos. O cotidiano é tornado espetacular para atrair a audiência, unindo as consciências em torno de um centro, assim como se fazia no passado.

Mas o centro verdadeiro continua sendo mesmo a família. Quando um casal resolve formar uma família e ter um ou mais filhos, dispõe-se a produzir uma série de alterações em sua vida. Ter um filho, além de ser uma experiência profundamente gratificante, representa uma possibilidade ímpar de ressignificar a própria vida, por todo o aprendizado que essa vivência proporciona. Muitas vezes, essa mudança é o que mais se deseja. Só que talvez o casal ainda não tenha parado para refletir sobre o que essa mudança pode representar em sua vida.

Então nasce uma criança. E durante a infância dela os pais se desdobram em alegrias, preocupações e muito trabalho. Os anos passam, e aquela criança cresce. O corpo começa a se modificar, o comportamento já não é o mesmo, assim como tantas outras coisas. A relação desse jovem com o mundo, como um todo, muda. A relação com os pais, então, muda substancialmente. Esse filho continua a prover os pais de alegrias e preocupações, mas não deve haver mais tanto trabalho.

Desde a infância, os filhos progressivamente conquistam mais autonomia e passam a administrar algumas de suas necessidades básicas, como higiene, alimentação e vestuário. Contudo, continuam dependendo dos pais não só financeiramente, na conquista desses e de outros itens essenciais à sua sobrevivência física, mas sobretudo emocionalmente. Na verdade, a relação que se estabelece entre os pais e os filhos já não pode ser chamada de dependência ou de independência, mas de interdependência. Não por se estar nessa fase do desenvolvimento, mas porque isso é do ser humano e se encontra na base da organização social das famílias: os pais também necessitam afetivamente dos filhos.

Com o tempo esse jovem se torna um adulto e espera-se que seus pais passem a ter apenas alegrias. Porém, esse modelo teórico de evolução, em que a criança dá alegrias, preocupações e trabalho aos pais, os adolescentes, alegrias e preocupações, e os adultos, apenas alegrias, é muito bonito, mas na prática não funciona tão bem assim. Primeiro porque não existe uma divisão estanque entre as diferentes etapas do desenvolvimento humano, já que as passagens de uma fase para outra podem conter longos períodos de interseção de características de ambos os estágios. Segundo porque, por mais que se esforce por seguir preceitos pedagógicos, a vida não segue leis didáticas. O desenvolvimento não se dá isoladamente, mas ocorre dentro de um ou até de vários contextos. É na relação com a família, com a escola, com as dificuldades ou com os impedimentos de cada um que se inserem questões como limitações físicas, orgânicas, econômicas, educacionais, sociais etc., o que deixa clara a impossibilidade total de pensar esse ponto a partir de premissas lineares do tipo causa e efeito. Quando se fala em desenvolvimento humano, fala-se em contexto e, portanto, em grupos ou sistemas humanos. O pensamento passa a ser circular, global, bem mais abrangente.

Crianças com cargas genéticas muito parecidas ou até iguais, como ocorre com os gêmeos univitelinos, submetidas aos mesmos esforços educacionais, à mesma alimentação, ao mesmo afeto e à mesma rotina, tenderão a apresentar, ainda assim, diferenças de personalidade e de comportamento significativas, jogando por terra qualquer teoria restritiva de desenvolvimento psicológico.

Assim, a proposta de *Adolescente - viva em harmonia com ele* não é ser um manual a esgotar o assunto, pois não acredito que exista apenas um caminho possível para a compreensão desse complexo momento chamado adolescência. A idéia é ampliar esse panorama para um mapa maior, de infinitas possibilidades, que legitime as diferenças e particularidades de cada um, sem deixar de sinalizar, vez por outra, caminhos já conhecidos por outros exploradores já mais experientes.

Os capítulos a seguir tratarão de forma ampla sobre algumas questões envolvidas com o processo de adolescer, de crescer, da transição do individual ao grupal, com os ritos que acompanham ou acompanhavam essa fase, sem a intenção de dar o assunto por encerrado. Muito pelo contrário. Muitas vezes parece até que só o que aumenta são os questionamentos.

Introdução

O deserto que atravessei
Ninguém me viu passar
Estranha e só
Nem pude ver
Que o céu é maior
Tentei dizer
Mas vi você
Tão longe de chegar
Mas perto de algum lugar.

CATEDRAL
Tanita Tikaran
(Versão de Zélia Duncan e Christian Oyens)

TUDO COMEÇA COM UMA HISTÓRIA

Diz a lenda que a corte do Rei Artur estava reunida, quando abruptamente entra na sala um enorme cavaleiro verde sobre seu também enorme cavalo verde. O cavaleiro interrompe os que então falavam e pronuncia em alto e bom som:

— Desafio qualquer um de vocês a pegar este machado que trago em minhas mãos e cortar minha cabeça. Mas quem o fizer me encontrará daqui a exatamente um ano na capela verde onde moro, e então eu lhe cortarei a cabeça também!

O silêncio que marca o espanto geral é rompido de súbito por Gawain, um jovem cavaleiro, que se apresenta aceitando o curioso desafio.

O Cavaleiro Verde então desce do cavalo, oferece o machado a Gawain e diz:

— Eu te encontro daqui a um ano!

Ele então se ajoelha, estica o pescoço sobre o chão, e Gawain desfere o golpe certeiro, decapitando-o.

O misterioso cavaleiro se levanta, pega sua cabeça, sobe no cavalo e desaparece da mesma forma que entrou ali.

Houve grande rebuliço na corte do Rei Artur, mas todos foram solidários e muito generosos com Gawain, a quem deram vários presentes para que pudesse usufruir em seu último ano. Gawain pega esses pertences e sai sobre seu cavalo em jornada de aventura.

Quando se aproxima o final do período estipulado pelo Cavaleiro Verde, Gawain começa a busca pela citada capela verde. Faltando apenas três dias para seu encontro, ele se vê na floresta, diante da cabana de um caçador. Bate à porta, e surgem o caçador e, logo atrás, sua esposa.

Gawain, dirigindo-se ao caçador, pergunta sobre a capela verde e diz:

— Tenho de estar lá em três dias.

O caçador lhe responde:

— A capela verde fica logo aqui atrás de minha cabana, a cerca de duas horas a cavalo pela floresta.

Gawain conta-lhes então sua história, ao que o caçador retruca:

— Por que não passa esses dias aqui conosco? Seja nosso hóspede por três dias e depois você vai em direção à sua aventura.

Gawain aceita o convite, mesmo porque estava muito cansado de sua jornada. O caçador ainda lhe diz:

— Passarei o dia caçando, como faço de costume. De manhã saio para caçar e só volto à noite. Daí eu lhe darei tudo o que tiver conseguido durante o dia, e você me dará também tudo o que conseguir e então passará a noite conosco.

Gawain aceitou e acomodou-se na cabana. Na manhã seguinte, o caçador saiu cedo sobre seu cavalo, enquanto Gawain continuava na cama repousando. De repente, entra em seu aposento a esposa do caçador, uma mulher muito bonita. Ela começa a fazer cócegas no queixo do hóspede, procurando seduzi-lo.

Gawain, como cavaleiro da corte do Rei Artur, não pode trair seu anfitrião e não aceita o insistente convite daquela mulher. Ela então pede permissão para lhe dar pelo menos um único beijo, e o faz, indo embora logo em seguida.

À noite, o caçador retorna à cabana com uma porção de animais capturados e os lança todos ao chão.

Gawain se aproxima dele e lhe dá um sonoro beijo no rosto. Eles riem do fato e nada mais.

Na segunda manhã, novamente o caçador sai em seu ofício, e Gawain é surpreendido por novas tentativas de aproximação por parte da esposa de seu anfitrião. Porém, a traição seria a última coisa que passaria pela mente de um cavaleiro, mesmo estando ele a pouco tempo de sua morte prometida. A mulher fica agressiva, mas Gawain não muda sua atitude. Ela então lhe pede que permita dar dois beijos, e o faz, indo embora logo em seguida, assim como fizera antes.

À noite, mais uma vez chega o caçador com o resultado de sua caçada, menos afortunada que a precedente, trazendo à cabana somente metade do que conseguira na noite anterior.

Gawain se aproxima do homem e agora lhe dá dois beijos. Eles riem e nada mais.

Na terceira manhã, a esposa do caçador parte ao encontro de Gawain, decidida a conquistá-lo, já que seria sua última oportunidade. Tenta de tudo, mas Gawain não cede. Dessa vez, porém, ela diz estar preocupada com o destino do cavaleiro. Dá-lhe três beijos, oferece uma jarreteira, que é a liga de sua meia-calça, e diz:

— Tome! Isto irá protegê-lo de qualquer perigo.

Naquela noite, o caçador volta trazendo apenas uma pequena raposa e, frustrado, joga-a no chão. Gawain repete o gesto anterior, dando-lhe os três beijos e nada mais.

A manhã seguinte chega anunciando o momento de Gawain partir ao encontro de seu destino fatal. Ele se despede de seus anfitriões e se dirige para a capela verde, conforme as indicações do caçador.

Ao aproximar-se da capela, encontra o grande Cavaleiro Verde, que o espera afiando seu machado numa pedra enorme. Este lhe diz:

— Ponha seu pescoço aqui que eu vou cortar sua cabeça.

Gawain o faz. O cavaleiro ergue o machado e diz:

— Estique esse pescoço!

Gawain obedece. O cavaleiro ajeita o golpe, move a lâmina e diz:

— Estique mais um pouco!

Gawain mais uma vez obedece. Isso se repete até que, na terceira vez, o cavaleiro desfere o golpe, fazendo apenas um pequeno corte superficial no pescoço de Gawain, e pede para que ele se levante. Cuprimenta-o, aponta para o corte e diz:

— Isso foi pela jarreteira!

Essa é a Lenda dos Cavaleiros da Jarreteira, ordem de cavalaria inglesa, instituída no século XIV por Eduardo III, que tem uma liga como símbolo.

O HOMEM E SEUS MITOS

A história da humanidade é transmitida de diversas maneiras, de acordo com as possibilidades evolutivas em que vivem os habitantes de diferentes culturas. Mitos e lendas tiveram seu auge em tempos idos, mas fascinam até hoje mesmo os mais aficionados internautas pós-modernos.

Muitas são as histórias que colorem de matizes infinitos nosso imaginário, presente e passado. Porém, quando se fala em jovens e adolescentes, fala-se em futuro. Um futuro não menos colorido do que já foi descrito, vivido, cantado, dançado, chorado por várias outras gerações, em tempos passados. O mito nos auxilia nessa compreensão, anulando a culpa, por demonstrar não ser o desafio da ordem de um ato pessoal, mas algo da natureza humana. O ritual é, portanto, a representação de um mito.

A mesma representação alegórica pode ser encontrada em mitos e lendas de outras culturas, como é o caso da lenda grega de Perseu, jovem filho de Danae e Júpiter, cuja aventura fora cortar a cabeça da temida Medusa, com seus cabelos de serpentes e olhar capaz de petrificar quem a fitasse.

A mitologia nos provê de um sem-número de outras alegorias. Porém, nem sempre com final feliz. Em algumas lendas primitivas, quando o herói saía da floresta com o ouro conquistado, esse ouro se transformava imediatamente em cinzas, representando que aquilo que tem valor no mundo interior não necessariamente sobreviverá às regras do mundo exterior.

A Lenda dos Cavaleiros da Jarreteira se passa no tempo em que as histórias heróicas têm como centro temático verdadeiros rituais de iniciação que seus protagonistas devem enfrentar, submetendo-se ao medo e ao risco de morte a todo instante, até que, depois de muita luta e demonstrações de coragem, vence o herói. Ou melhor, alguém que se transforma em herói. Essa é a questão central. A transformação de um cidadão comum em uma pessoa especial.

MITO E ADOLESCÊNCIA

No mito apresentado, há a descrição simbólica e clara do que significa passar pelo conturbado período da adolescência. O caminho ritual é representado pela partida, pela realização e pelo posterior regresso. É a saga do herói, que assim se transforma, pois representa a vivência de alguém que alcançou algo grandioso para o mundo físico ou espiritual. Um grande passo para um indivíduo, assim como para a humanidade, uma vez que o ser humano evolui com a cultura e vice-versa.

Uma possível interpretação é que Gawain, como todo jovem rapaz que entra na puberdade, recebe um chamamento estranho, que não é respondido por todos, pelo menos não ao mesmo tempo. É algo individual, que só será respondido por quem estiver em condições de fazê-lo e no momento certo.

A convocação biológica dos hormônios só se dá após um período de preparo do corpo físico para as alterações que ganham lugar no princípio da puberdade, ou na pré-puberdade, como se referem alguns autores.

Gawain faz algo que pode parecer estranho para alguns adultos. Ele responde ao desafio de forma automática, sem muito pensar ou questionar. Entrega-se ao desconhecido. E se lança em uma aventura de um ano de isolamento. Mas antes recebe dos companheiros os presentes, que são o resultado do que eles mesmos acumularam em suas vidas, o que representa simbolicamente a passagem de experiência dos mais velhos para os mais jovens. Apesar de todo o apoio, porém, Gawain fica sozinho por um ano inteiro, e nada se sabe do que lhe ocorreu. Tudo se mantém no reduto de sua vida interior.

A prova mais dura, no entanto, encontra-se bem no final, a apenas três dias da data estipulada. Exatamente quando a guarda abaixa, ele está mais vulnerável, e as provas têm o sabor das tentações. A verdadeira aventura é aquela que traz à tona o caráter e as vocações, até então desconhecidos. Algo que continuará a ser descoberto com o passar dos anos, mas cuja inauguração está "presentificada" nesse momento representado alegoricamente pelo ritual, que não é uma simples diversão ou entretenimento, mas algo que se comunica diretamente com a alma do jovem aventureiro. No encontro com os mistérios da vida, ocorre também o encontro com suas motivações interiores, um ajustamento aos aspectos inevitáveis do destino, o aprendizado da natureza dialética em que tudo tem dois lados. A experiência vai, portanto, além de seu significado racional. A experiência é vivencial e pode, muitas vezes, transcender a própria palavra.

Por exemplo, Gawain consegue controlar os impulsos sexuais direcionados à bela esposa de seu anfitrião, o que representa simbolicamente o aprendizado na lide com a nova possibilidade de concretizar o ato sexual genital, proporcionado pelas transformações da adolescência. E outros tantos paralelos com o desenvolvimento que ocorre na adolescência podem ser observados, como o fato de Gawain respeitar seu anfitrião, o que significa que ele considera o outro e seus sentimentos, concretizando a capacidade de viver em sociedade com regras, limites e respeito. Por fim, ele tem a coragem que muitos não tiveram, ou não teriam, e enfrenta a própria morte. Em resumo, atravessa dois grandes portais: o medo da morte e o desejo pelo sexo.

Porém, Gawain é humano e tem sentimentos. Não abre mão de uma jarreteira como possível amuleto contra algo terrível, mas que nem por isso elimina o medo do desconhecido. Seus sentimentos estão aflorados e deixarão uma marca evidente quando tudo passar. Uma cicatriz no seu pescoço.

Ele carrega no corpo o emblema de seus sentimentos mais íntimos, assim como todos ao sair da adolescência. Cada um carregando sua marca, que o introduz em nova perspectiva de vida e de mundo, a vida adulta.

Marcas não apenas no corpo físico, que é visivelmente outro após a grande jornada de transformações, como principalmente no que se poderia chamar de corpo emocional ou psíquico. São sinais que servirão de guia para as próximas aventuras, que não cessarão mais enquanto viverem seus protagonistas. A diferença é que essa foi a primeira, a inaugural, a que abriu as portas para um novo mundo.

A ADOLESCÊNCIA

É do senso comum que o momento que inaugura a adolescência na vida de uma pessoa coincida com a puberdade, justamente o processo orgânico que envolve alterações físicas e hormonais de maturação do corpo. Diz-se que a puberdade é a maturação do corpo, e a adolescência é a do ser. Isso pressupõe, no mínimo, a possibilidade de ritmos diferenciados entre a parte biológica e a psicológica de cada um. Ou seja, por mais que os corpos estejam maduros, a parte psicossocial, cada vez mais, tem requerido uma expansão no seu período de adaptação, pois a maturidade emocional ocorre a partir da vivência e de sua elaboração, diferentemente da maturidade física, regida em essência pela genética e por leis biológicas.

A adolescência é, portanto, o período situado entre a infância e a vida adulta e vai se configurar basicamente numa série de mudanças em todos o níveis do ser, adicionada da experimentação de todas essas novidades físicas, hormonais, intelectuais, culturais, emocionais, familiares, sociais, morais etc. Por isso mesmo, a adolescência irá se caracterizar pela tendência de rompimento com os modelos preexistentes, na busca dos próprios modelos, principalmente no que tange aos padrões de relacionamento familiar e social. O despertar para novos interesses fora do circuito doméstico contribui para o estabelecimento de uma individualidade própria e para a descoberta das vocações.

A adolescência deveria continuar sendo uma fase representativa dos antigos ritos de passagem na vida das pessoas, porém, devido a uma série de fatores de ordem patológica ou desadaptativa, esse modelo, de transicional, pode passar a definitivo. É como se a lagarta não saísse do casulo. Abandonar o conforto do lar gera insegurança e ansiedade. O adolescente passa a se sentir só, desprotegido, incompreendido e, o que é pior, acredita ser esse um problema insolúvel.

Contudo, na grande maioria das vezes, a natureza segue seu fluxo normal, e a necessidade de encontrar seu lugar e lutar em busca de um mundo melhor impulsiona o jovem para a vida adulta. Ser aceito pela sociedade ao mesmo tempo em que a contesta pode gerar sentimentos conflituosos e a sensação de inferioridade, o que por sua vez também será passageiro e auxiliará no processo de construção da personalidade. O adolescente vai e volta no movimento rumo à independência até que encontra estabilidade e se auto-afirma.

Então o segundo cordão umbilical se rompe, e o herdeiro do adolescente é o adulto. Assim como a borboleta, esse novo adulto terá um colorido todo especial e poderá empreender seus vôos com maior segurança.

A ADOLESCÊNCIA NA HISTÓRIA

Gawain esteve por um ano em sua jornada preparatória. O que se constata é que, historicamente falando, a adolescência era algo que simplesmente não existia para o homem primitivo, que era lançado diretamente da infância à vida adulta de autogestão, sem intervalos preparatórios.

Desde então, a evolução de nossa espécie, não só no aspecto fisiológico mas principalmente no cultural, encarregou-se de inaugurar e posteriormente prolongar esse período de tempo, que então chamamos de adolescência, por até mais de uma década. Quanto maior o nível de especialização requerido para o exercício da maturidade, maior será o tempo necessário para o seu preparo. Mesmo porque a expectativa de vida média do ser humano duplicou nos últimos séculos, o que naturalmente repercutiu sobre as exigências de preparo para a vida adulta, que também se ampliaram junto com as demais faixas etárias.

Os tempos mudam e as necessidades também. Porém, nem sempre isso tudo ocorre na mesma velocidade. Algo de muito precioso pode estar ficando para trás, e todas as atuais gerações estão pagando um preço por isso.

As necessidades mudam com o tempo e com a cultura também. Culturas diferentes imprimem diferentes expectativas de papéis para todas as fases da vida, o que inclui a adolescência. Para alguns povos, essa fase pode coincidir com a saída do lar parental de origem, constituindo-se nova família através do casamento ou da paternidade. Para outros, pode significar um período diferente, porém ainda de total dependência e convivência.

A atual falta de rituais que demarquem claramente a passagem de uma para outra etapa de vida torna os desafios experimentados no ciclo de vida ainda maiores tanto para os jovens quanto para suas famílias, podendo culminar com o inchaço do período da adolescência por uma dificuldade, e não por uma opção, como o prolongamento infinito do período de preparo e estudos.

Muito se tem falado sobre esse visível alargamento do período da adolescência e a conseqüente ampliação de suas necessidades, particularidades e dificuldades. Isso se torna mais evidente em culturas latino-americanas como a nossa, principalmente nas famílias de classe média, nas quais a etapa que envolve o preparo para a vida adulta, sob uma perspectiva de maior independência, principalmente do ponto de vista econômico, pode se alongar até a casa dos 30 anos. O prolongamento dos estudos devido às necessidades competitivas mais acirradas na sociedade atual tem contribuído para que os jovens, especialmente os da classe média e da alta, saiam da casa dos pais cada vez mais tarde.

O que antes representava, através dos rituais de passagem, apenas o vestibular para a vida adulta torna-se hoje um verdadeiro curso completo, com direito a graduação, pós-graduação e algo mais. Desse modo, são cada vez mais freqüentes as discussões a respeito da assim chamada adolescência tardia. É relativamente fácil determinar quando a adolescência se inicia. Mas quando se poderia dizer que ela deu lugar à vida adulta?

O FIM DA ADOLESCÊNCIA

Pode-se dizer que alguém ingressou psicologicamente na vida adulta basicamente quando quatro características de comportamento foram atingidas. São elas:

- Capacidade de realizar a separação psicológica dos intensos laços que o mantêm unido à família de origem, incluindo-se o fato de não mais culpar os pais por tudo de errado ou falho que lhe ocorreu no passado ou ainda ocorre. É quando se inaugura a possibilidade de descolar a pessoa da mãe do papel de mãe, e a pessoa do pai do papel de pai, para que se possa vê-los como pessoas que são, e não mais apenas pelo respectivo papel parental que exercem. A partir daí, os pais podem passar a compor o rol dos pares sociais dos filhos, como outros parceiros quaisquer, com base em uma perspectiva horizontal de relacionamento.

- Espírito de grupo, ou seja, desenvolvimento da capacidade de colaboração, podendo-se ceder interesses individuais em prol dos interesses do grupo e assumir o papel social dentro de uma coletividade maior. Em outras palavras, seria uma pessoa capaz de escolher não apenas objetos narcisistas e prazeres imediatos.
- Capacidade de relacionamento conjugal com estabilidade de vínculo e investimento emocional. Não necessariamente envolve o casamento e suas variantes. Significa o desenvolvimento afetivo e sexual, com busca de prazer na relação genital com uma pessoa com a qual se possa construir uma história, saindo-se da fase de experimentações conhecida atualmente como "ficar" ou namoro de verão.
- Independência econômica. Mais uma vez, não significa necessariamente a saída da casa dos pais e a construção de um novo clã, mas sim a capacidade de trabalhar e viver em sociedade, desenvolvida a tal ponto que permita a essa pessoa sustentar-se sozinha. A afirmação profissional envolve uma espera maior, mas a possibilidade de ganhos já é real.

A assunção desses posicionamentos diante da vida dependerá não só da própria pessoa e de seu potencial, mas também do contexto familiar e social em que se encontra. A questão dos estudos poderá afetar primordialmente as classes mais favorecidas, mas questões de ordem familiar afetarão o desenvolvimento de qualquer classe indistintamente.

Famílias cujos genitores tiveram dificuldade em amadurecer determinados aspectos de sua personalidade tenderão a transmitir essa mesma dificuldade aos filhos, uma vez que, em princípio, são eles os responsáveis pela educação e transmissão de costumes e códigos comunicacionais a seus descendentes. A fórmula "faça o que eu digo, e não o que eu faço" não funciona. Muito pelo contrário. Não raro, filhos com idade na casa dos 30 anos são tratados como crianças pelos pais. Mas não se pode esquecer que esses filhos aceitaram esse lugar e se encaixaram na complementaridade como chave na fechadura, configurando um quadro de comportamento específico, na constelação familiar, que deverá ser visto como tal.

CONCLUSÃO

O planeta todo é um lugar sagrado, e a montanha mais alta, de onde se pode ver o mundo, é aquela em que se está sentado exatamente neste momento. Existem coisas que não são necessárias, apesar de desejáveis. Mas existem coisas inevitáveis. Uma delas é que a semente, para germinar, tem de morrer. A outra é que o adolescente é um sujeito social com direitos fundamentais garantidos por lei, que devem ser cumpridos, mesmo que para isso os adultos responsáveis devam se adaptar às demandas emergentes das novas gerações.

Dentre as diversas formas de educação e criação de condições necessárias para o pleno desenvolvimento do adolescente, encontram-se a expressão artística e a prática de esportes.

A arte é uma necessidade humana, principalmente para os jovens. Sua função está em mitificar o mundo. Ou seja, tornar o racional e concreto em emocional e abstrato, fazendo no mundo exterior um paralelo daquilo que se processa no mundo interior de um ou de vários indivíduos.

E o esporte não se distancia disso, pois não beneficia apenas o corpo e a saúde física. Basta dar uma revisada no exemplo milenar fornecido pela cultura de povos antigos como os gregos e sua mitologia. Essa prática torna possível a livre vazão de instintos agressivos e competitivos, sem conseqüências desastrosas, e também prevê a possibilidade de algum tipo de sublimação, permitindo que a energia da emoção se desvie de seu objeto primeiro, seja ele qual for. Chutar uma bola, gritar em um estádio, romper a fita de chegada são formas muito positivas de fazer isso. Sem falar nas evidentes conseqüências benéficas, que dispensam qualquer apresentação.

Não é porque alguns rituais estão desaparecendo que tudo está perdido. Uma nova música pede novos passos de dança de acompanhamento.

Histórias e Rituais — A Roda da Vida

Nada do que foi será
De novo do jeito que já foi um dia
Tudo passa, tudo sempre passará
A vida vem em ondas
Como um mar
Num indo e vindo infinito.

COMO UMA ONDA
Lulu Santos e Nelson Motta

Ritos de passagem são cerimônias existentes em praticamente todas as sociedades historicamente conhecidas, que marcam a passagem de um status social, cultural, religioso ou psicológico para outro. São universais e, a partir de achados arqueológicos, pode-se afirmar que vêm de eras primitivas.

A expressão "rito de passagem" teria sido cunhada em 1909 pelo antropólogo francês Arnold van Gennep, que percebeu nesses ritos o significado pelo qual os indivíduos de determinada organização se vêem aliviados na passagem pelas dificuldades de transição de um papel social para outro, sem que com isso haja rupturas sociais importantes. Os rituais, enquanto atos simbólicos coevolutivos, incluem não apenas os aspectos cerimoniais da apresentação real do ritual em si, mas também toda a sua preparação, que envolve um número considerável de outras pessoas de um mesmo clã.

Sob o ponto de vista espiritual, um ritual de origem mística teria a finalidade de promover o nascimento do homem espiritual a partir do homem animal. Isso ocorre através dos ritos guiados por um sacerdote ou uma pessoa mais velha, que já passou pelo mesmo processo e, portanto, pode fornecer as diretrizes necessárias para que se repita uma vivência mitológica. Seria como se se nascesse pelos pais, para assumir o corpo físico, e pelo ritual, para assumir outra possibilidade de existência. Um renascimento dentro da mesma encarnação humana. Na verdade, a adolescência representa exatamente isso, um segundo parto, só que agora o indivíduo nasce da família para o mundo.

Desde as culturas mais arcaicas, a iniciação dos adolescentes comporta uma série de ritos cujo simbolismo patente está na idealização de transformar o jovem em embrião, para fazê-lo renascer novamente em seguida. São os rituais de passagem conhecidos como *regressus ad uterum*, em que a iniciação equivale ao segundo nascimento.

O retorno ao útero era expresso simbolicamente pela reclusão numa cabana, pelo entorpecimento através de substâncias vegetais ou mesmo por algum tipo de encenação específica, como a de ser tragado por algum grande monstro. São todas aventuras que constituem de fato provas difíceis, após as quais o herói vitorioso adquire nova visão e posição diante da vida e do mundo.

Na base desses rituais está implícito o desejo de acesso a um modo superior de existência, orientada por valores morais e espirituais. Assim, fazia-se necessário repetir a gestação e o nascimento, como gesto simbólico na forma de um ritual maior.

Todos esses rituais estão imersos nos simbolismos próprios de cada cultura, em que alguns temas são obviamente recorrentes, como a morte simbólica e a conseqüente ressurreição. Efetivamente há uma morte ou o fim de uma condição, que deve ser encerrada para que se dê lugar a uma nova disposição psicológica e cultural.

A maioria dos mais importantes e comuns ritos de passagem está conectada a crises biológicas da vida, como o nascimento, a maturidade ou o ingresso na vida adulta, a reprodução e a morte. Mas há também os ritos criados pelo homem, em que se celebram mudanças culturais como a iniciação em sociedades compostas de pessoas com interesses particulares, como fraternidades, clubes e associações. Todos eles trazem mudanças importantes de status social e, conseqüentemente, nas relações das pessoas envolvidas.

Em essência, todo rito simboliza e reproduz a criação. Por outro lado, todo rito é um encontro, uma confluência de atenções e forças.

Três movimentos básicos estariam envolvidos na grande maioria desses rituais. São eles:

- a separação, destacando o indivíduo ou grupo de indivíduos em questão;
- a transição, que compreende o período necessário para que se dêem os ajustamentos adequados à nova condição;
- e a reintegração social, inaugurando seu novo status perante o grupo.

As principais funções psicológicas implícitas na ritualização de transições do ciclo vital são:

- facilitar e estimular o contato e o intercâmbio social, pela própria natureza aglutinadora de rituais e celebrações;
- favorecer a transmissão do conhecimento das gerações mais velhas para as mais novas;
- fornecer modelos de identificação;
- estabelecer explicitamente as regras sociais e os valores morais daquela comunidade;
- disponibilizar as condições adequadas para a manifestação e o desenvolvimento de potencialidades;
- propiciar condições para o autoconhecimento em âmbito global.

Durante a maior parte da história humana, os ritos de passagem foram geralmente eventos de cunho religioso ou místico orientados para os valores do espírito. Atualmente, os ritos que permanecem estão, em sua maioria, inseridos em um contexto de tradição ou entretenimento. Tanto antigamente quanto hoje em dia, esses rituais permanecem como oportunidades de veicular arte, música, canto, dança, oratória e outras formas de manifestação estética. Porém, as transformações ocorridas nos valores sociais, políticos e econômicos não permitem a manutenção dos mesmos rituais, já que modificam consideravelmente o contexto em que se encontram inseridos. O que não significa a necessidade de sua abolição, mas de sua substituição por outros mais adequados ao tempo presente e aos costumes atuais.

Assim como se substituem costumes e valores, os rituais, enquanto atos sociais, também devem acompanhar o mesmo ritmo de mutação, uma vez que são os legítimos representantes da forma humana encontrada para simbolizar as transições entre uma etapa e outra do desenvolvimento. O simbolismo existente nos rituais possui importância fundamental para a dinâmica do inconsciente e para o saneamento psíquico, proporcionando recursos para a adequação nos padrões de relacionamento com o mundo e com as pessoas.

No século XX, considerou-se a relação dos ritos de passagem e o sistema social com a significativa função de manutenção da sociedade como um sistema de partes congruentes. Para um sistema operar de forma eficiente, acreditava-se que seus elementos deveriam mutuamente fornecer suporte e ser congruentes, atingindo-se assim um suposto estado de homogeneidade. Essa teoria, porém, caiu por terra quando se compreendeu que esse tipo de equilíbrio não é possível em sistemas vivos, que se encontram em atividade constante, o que significa dizer em mutação constante. O sistema vivo está em movimento contínuo e, portanto, numa sucessão de desequilíbrios.

A antropóloga Barbara Myerhoff chama a experiência de passagem ritual de "momento irreversível de conscientização reflexiva". Em um lapso de tempo, o sujeito se dá conta de que se encontra em um limiar e se identifica com o que está do outro lado. Reconhece não somente sua experiência particular, mas todos os sentimentos contraditórios que coexistem dentro de si.

Mesmo não sabendo articulá-los, nem tendo respostas para as inúmeras perguntas que se abrem, continua firme, acreditando em si e no processo.

Essa experiência se repetiu, geração após geração, sendo transmitida através de imagens ou outros recursos, principalmente artísticos e religiosos, uma vez que num passado distante os seres primitivos ainda não conseguiam se expressar satisfatoriamente por meio de uma linguagem verbal comum. A alteração desse padrão de transmissão vivencial e imaginativa para o recurso oral pode ter sido decisiva no processo de extinção da grande maioria dos rituais ancestrais. Muitas vezes a conceitualização de um ritual pode diminuir a possibilidade de vivenciar a experiência. São atalhos mentais feitos quando se toma consciência de algo e, portanto, se acredita não ser mais necessária a experiência prática do que já foi experimentado mentalmente. Ao ser definido, um símbolo morre, pois sua natureza é infinita. O excesso de valorização da intelectualização no processo de desenvolvimento científico foi, seguramente, um substituto de peso dos rituais ancestrais.

A idéia de que, pela presença do rito, os membros de uma mesma sociedade seriam inteirados das novas circunstâncias e das mudanças em curso, já que qualquer alteração inevitavelmente afetaria o grupo como um todo, foi substituída pelas práticas científicas e sua divulgação em massa pela mídia, o que originou o inegável e inquestionável desenvolvimento tecnológico da vida atual. Houve com isso um enorme ganho, mas também uma perda correspondente, não menos significativa.

O aspecto psicológico mais importante dos procedimentos rituais é o de permitir que cada um viva seu processo, como deve ser, sem com isso sentir-se só. Assim, os ritos transformam os momentos de solidão, característicos das transições, em momentos de união de forças, de encontro e de acolhimento. Existe uma mensagem, explícita ou não, de que aquilo pelo qual o jovem vai passar é algo pelo qual todos os adultos já passaram e portanto reconhecem. Não se está só na dor, e ela passará.

Isso tranqüiliza enormemente o neófito, evitando que ele aumente ainda mais a ansiedade natural do momento por especulações pessoais de ordem emocional. A realidade está ali fora, ao alcance de seus sentidos, sem que ele necessite temer o desconhecido.

As gerações anteriores às atuais ainda gozavam de ritualizações que definiam com clareza as passagens que marcam etapas da vida, como festas de debutantes ou alistamento ao serviço militar. Em nossa sociedade contemporânea, alguns desses rituais permanecem vivos, apesar de muito resumidos e mecanizados, perdendo muito de sua configuração e efeito originais. Pesquisas recentes apontam para o reduzido número de ritualizações dentro das famílias enquanto agrupamentos sociais. Passagens importantes, como festas de conclusão de escolaridade e ingresso na faculdade, comuns na adolescência, ou outras como casamento, paternidade/maternidade ou funeral de alguém próximo, têm perdido força, dando lugar a comemorações de cunho consumista, como as datas anuais prefixadas.

A sugestão terapêutica planejada da comemoração de alguns eventos pode proporcionar a algumas famílias que se encontram paralisadas, numa dada fase de transição, a oportunidade de finalmente deslanchar em seu crescimento psicológico, rumo ao sentido não só de maior maturidade mas também de menor rigidez, já que se diminui a ansiedade em relação às mudanças.

Rituais familiares não apenas reforçam o sentimento de solidariedade como também possuem o efeito psicológico de reassegurar os laços emocionais entre os amigos e parentes, que não deixam de existir simplesmente por terem mudado de qualidade.

A PASSAGEM DO ADOLESCENTE

Nos estudos de diferentes culturas, pode-se perceber que os ritos representativos da passagem adolescente são os mais variáveis quanto a datas e extensão, podendo ou não estar presentes.

São até mesmo os mais valorizados e investidos de simbolismos, muito possivelmente por ser essa a fase de transformações mais extremadas e um dos momentos de maior solidão, perdendo apenas para os rituais de morte.

Quando nasce um bebê, existe no mínimo a presença física da mãe. Além disso, não se pode dizer que seja esse um momento em que se esteja realmente consciente do que se passa. Nos rituais escolares de ingresso ou formatura, existe uma infinidade de pessoas envolvidas, inclusive da mesma faixa etária. No casamento, há no mínimo o parceiro e, na gestação, existe o filho que chega.

Assim, as transformações pelas quais passa um adolescente são muito próximas daquelas da passagem da vida para a morte. Em ambas, os sentimentos predominantes são os de medo e solidão. A expectativa de uma nova vida estará presente no luto, de acordo com a crença religiosa da comunidade em questão, mas seguramente representada no ingresso do adolescente na nova vida adulta que o aguarda.

A reorganização das funções biológicas promovida pela puberdade produz efeitos psíquicos e sociais importantes que nas sociedades tradicionalistas eram acolhidos e tratados através dos ritos. A adolescência é uma resposta contemporânea a esses mesmos efeitos, uma vez que a puberdade apenas expulsa o sujeito do mundo infantil, mas não o situa automaticamente no mundo adulto, requerendo que se cumpra essa transição.

Garotas e garotos deverão fazer um salto qualitativo enorme em suas vidas, com um mínimo de previsibilidade dos resultados. Imaginar que falhar agora pode representar um erro sem possibilidade de volta, com a penitência de ter de conviver pelo resto da vida com as conseqüências de uma passagem malfeita, é extremamente produtora de ansiedade para qualquer ser humano. Supor a possibilidade de envelhecer sem sabedoria, enfrentar o ostracismo ou a melancolia permanentes, não estar à altura para encontrar parcerias satisfatórias para seu percurso de vida são situações vistas como grandes castigos para aqueles que não desempenharam bem seus papéis.

Nesse sentido, as ritualizações possuem valor positivo para os indivíduos envolvidos por canalizar o estresse comum dos momentos de grandes mudanças, além de promover um treinamento de ajuste a seu novo papel social e de instituir a mudança de status perante a comunidade. Há, quase sempre, uma ênfase na instrução dos comportamentos adequados ao novo status social esperados pela comunidade, como a forma de se vestir, de se portar, de falar, valores morais etc.

As passagens que compõem a adolescência como ela é conhecida hoje não correspondem a um fenômeno universal. Estudos antropológicos comprovam que povos primitivos não passavam por um estágio estruturado como o atual, além de haver significativa diferença entre a cultura ocidental e a oriental. Nos grupos tribais, historicamente diferenciados da cultura ocidental atual, não ocorria esse longo período que separa as atividades infantis da plena integração do sujeito ao grupo produtivo e reprodutor. Tão logo as transformações pubescentes explicitassem a nova realidade fisiológica do ser em maturação, ele era inserido no mundo adulto. Aparentemente, as culturas tecnicamente menos sofisticadas não teriam motivos que justificassem retardar o ingresso do jovem na comunidade adulta laborativa. Havia, portanto, os ritos de passagem, que o introduziriam diretamente num sistema de valores bem definidos, inexistindo a ambigüidade de papéis comum nos dias de hoje.

É com a progressiva especialização do trabalho, ou com o desenvolvimento tecnológico de uma cultura, que se começa a cobrar cada vez mais um adequado preparo profissional. Chega-se a postular que seria a adolescência uma invenção cultural, fruto dos tempos modernos. Em nossa cultura contemporânea, não só é de consenso geral a presença de um período assim chamado de adolescência como também há uma progressiva tendência a ampliá-lo, uma vez que as exigências sociais quanto a estudo e preparo para o mercado competitivo de trabalho assim o requerem.

Esse período, cada vez mais ampliado no tempo e nas suas contradições, comporta situações díspares como abandono das características infantis, sem com isso ter-se alcançado a assunção das obrigações e responsabilidades da vida adulta. É um período em que se deixa de ser algo para ser outra coisa, com um intervalo no meio, para a devida digestão.

RITUAIS DE MATURIDADE SEXUAL

No caso específico da circuncisão, ela pode ou não ter relação com a maturidade sexual, variando entre as diferentes culturas. Os judeus circuncidam os meninos poucos dias após o nascimento, num ritual religioso. Entre os turcos, a circuncisão ocorre até a idade de 6 ou 7 anos, transformando-se num ritual de renascimento, numa prova de chegada ao início da adolescência, mudando drasticamente o status social do garoto circuncidado. No Egito e em outros países africanos, preconiza-se a circuncisão das mulheres, que consiste na retirada do clitóris, por duas razões básicas. A primeira seria a remoção, na mulher em idade fértil, dos vestígios físicos do sexo oposto, fazendo-se um paralelo entre o clitóris e o pênis, a fim de extirpar definitivamente a androginia característica da infância. A segunda razão consiste na tentativa de eliminação da fonte de prazer sexual da mulher, reduzindo-se com isso a probalidade de infidelidade conjugal.

Esse processo mutilador, no entanto, não conta com aprovação oficial, mas é realizado rotineiramente, em grande escala, naquela região do globo. Sua origem se perde no tempo, uma vez que no Egito foram encontradas múmias femininas com marcas sugestivas da retirada ritual do clitóris. Ainda hoje a mídia veicula casos de mulheres que buscam asilo político em países da América ou da Europa, na tentativa de escapar dessa manifestação de violação do direito básico de manutenção da integridade física e decisão sobre o próprio corpo.

Ainda na África, no Gabão, quando as mulheres começam a menstruar, são isoladas em cabanas afastadas, também utilizadas para isolamento em tempos de doença. Apesar de algumas sociedades considerarem normal o sangramento menstrual, outras partem para condutas extremadas, exaltando-o como uma fonte de poder sagrado ou desvalorizando-o como fonte de medo e desgraças. Os índios apaches americanos são um exemplo de povo que valoriza a primeira menstruação, vestindo ritualmente a garota numa cerimônia aberta à população, em que se homenageia esse momento como a chegada da mulher no corpo da criança.

Quanto a questões de gênero, entre algumas sociedades existem diferenças que refletem seus valores culturais e o lugar que cada sexo ocupa na hierarquia social. Nelas, os ritos podem ser observados em apenas um dos sexos, podem ser mais elaborados para um sexo do que para o outro ou ainda não ser observados em nenhum dos dois sexos. Geralmente, quando se encontra algum tipo de desproporção, a tendência está na maior valorização dos rituais masculinos em detrimento dos femininos.

Há uma explicação lógica para isso, uma vez que na mulher a puberdade é marcada de forma inequívoca pela menarca, que é a primeira menstruação. Na verdade, os três principais ritos naturais das passagens na vida sexual das mulheres têm o sangue como protagonista. A menarca traz o primeiro sangramento e faz da menina uma moça em idade fértil. O segundo sangramento, bem menor e muito mais simbólico, é resultante do defloramento, que transforma a moça em mulher. Por último, com o sangue perdido no parto, temos a terceira passagem, que marca a mudança de status de mulher para o de mãe.

No Sudão, a pele das meninas é marcada por incisões que formam cicatrizes visíveis em pontos estratégicos do corpo, compondo um verdadeiro recurso de sinalização externa das alterações no status social da vida da moça. A primeira sessão de marcas é realizada na adolescência, com o advento do ingresso na idade reprodutora. A segunda sessão marcará o matrimônio, e a terceira virá com a chegada da maternidade.

Já no processo evolutivo dos rapazes não se pode determinar com maior precisão um ponto específico de maturação sexual masculina, que requer reforço simbólico para sua definição. Dessa forma, a demarcação da maturidade ocorrerá mais de forma social e cultural do que simplesmente biológica. Como exemplo, há o ritual religioso do *bar mitzvah* dos judeus, originalmente realizado apenas com os membros masculinos do clã.

Nesse ritual da tradição judaica, a família de um rapaz de 13 anos o acompanha até a sinagoga, carregando velas acesas, onde será recitada a Torá, ou texto sagrado. O ritual segue o mandamento, conforme significado da tradução literal da expressão hebraica *bar mitzvah*. Desse momento em diante, o rapaz passa a ser responsável pelo uso da lei religiosa.

Desde 1920, algumas congregações americanas registram a execução de uma performance similar para as meninas, chamada de *bat mitzvah*. Mas, ainda assim, falamos claramente de uma minoria, se avaliarmos em níveis percentuais.

No caso das tribos da Indonésia, marcava-se a adolescência dos jovens rapazes ao mandá-los para lutar com os vizinhos inimigos. Felizmente, no processo de civilização dessa região, o ritual sangrento foi substituído por competições de arco e flecha, o que representa uma evidente sublimação.

Entre os católicos, não há distinção entre os sexos no que tange aos rituais de passagem. A primeira comunhão acontece entre as idades de 8 e 14 anos, conhecida desde o Concílio de 1215 como a idade da prudência. Somente após esse ritual os jovens católicos poderiam participar da liturgia, partilhando do pão e do vinho, ou seja, do corpo e do sangue de Cristo.

A partir desses exemplos, é possível levantar outra consideração, que é a questão da idade. Algumas sociedades valorizam a iniciação espiritual a tal ponto que a colocam antes da própria puberdade, precedendo as transformações físicas que dariam início de fato à adolescência.

Outras abusam da manipulação social de um rito natural, fornecendo uma estrutura ritualística por demais pronunciada e dramática. É o caso de sociedades que promovem o isolamento físico ou mental de seus protagonistas, desorientando-os ou confundindo-os através de drogas, tambores, jejuns prolongados, privação de sono ou qualquer outro tipo de provação física. O objetivo é submeter esses jovens indivíduos a uma doutrinação forçada sobre o significado de ser adulto naquele clã, fazendo-os aderir compulsoriamente às regras de poder e hierarquia preestabelecidos.

Em algumas culturas, a iniciação envolve a indução de toxicidade pelo uso de drogas alucinógenas ou outras substâncias. Em muitos casos, o objetivo é gerar desorientação, ajudando a encobrir as recordações da vida antiga. Em outros, a motivação é mística, com o propósito de potencializar uma suposta comunicação com a divindade. Na Jamaica, utiliza-se a maconha nessa forma ritual, assim como entre jovens de outras localidades.

RITUAIS MODERNOS

Em algumas sociedades, mesmo hoje em dia, partes do corpo, principalmente as sexuais, são modificadas por procedimentos cirúrgicos como a circuncisão e também por meio de incisões, colocação de objetos do tipo *piercing*, desenhos como tatuagens e até cirurgias plásticas, simbolizando as transformações esperadas nesses setores.

A tatuagem ou qualquer outro ato estético não devem ser considerados isoladamente, mas inseridos em um contexto maior, familiar e cultural. Por exemplo, a tatuagem realizada por um jovem membro de uma família em que esse ato não seja a regra, mas a exceção, pode manifestar sua rebeldia e contestação, ao mesmo tempo em que ele busca se apropriar do próprio corpo e também da própria vida. Se, em vez disso, o adolescente pertencer a um contexto social em que as outras pessoas, incluindo seus familiares, possuem as mesmas marcas no corpo, como ocorre no Taiti, aquilo que poderia parecer rebeldia para outras culturas é na verdade um ato compulsório, um rito de passagem necessário para a completa aceitação daquele indivíduo como parte integrante da comunidade. Em algumas tribos da África, uma mulher sem as cicatrizes quelóides de escarificações no abdome pode ser considerada nua e não atraente, por mais paradoxal que isso pareça a um cidadão metropolitano.

Há séculos, a arte corporal é um rito para que homens e mulheres celebrem a adolescência. Quanto mais vistosa a marca, maior o status promovido. Outro exemplo africano vem dos congoleses primitivos, para os quais o azul era a cor da morte. Nessa sociedade, os adolescentes eram pintados com essa cor para simbolizar a morte da infância. Como efeito direto do processo de civilização, esse ritual já não existe mais, substituído e postergado para o final da completa escolarização pública.

As tatuagens, apesar de serem contemporâneas, configuram uma forma ritual muito antiga e foram encontradas até mesmo em múmias egípcias datadas de 2000 a.C. Desde tempos imemoriais, os seres humanos decoram a pele com um sem-número de formas e por diversas razões. A pele sempre foi veículo de comunicação de sentimentos e sensações profundos, como o medo, a raiva, o frio, a alegria, entre outros, por retratar mudanças naturais, como a de coloração — palidez e enrubescimento — ou o eriçar dos pêlos. Seguindo esse caminho natural de manifestação física de estados de espírito, o homem aprendeu também a simbolizá-los de forma ideográfica e permanente. Mensagens culturais e experiência estética na decoração corporal configuram a forma máxima de expressão pessoal, em que se cria uma segunda pele como testemunha da sociedade onde se vive, como um espelho da própria individualidade ou reflexo do sobrenatural.

Além dos usos rituais, outros usos, mais perversos, marcaram a história das tatuagens. Os antigos romanos, por exemplo, tatuavam os criminosos e escravos, assim como ocorreu mais recentemente com os judeus prisioneiros de campos de concentração nazistas ou com os prisioneiros russos na Sibéria.

Hoje a tatuagem dispersou-se sobre todo tipo de gente, saindo dos redutos exclusivos de manifestação antiburguesia e até de grupos marginalizados ou criminosos. O que percebemos na atualidade é que existem tantas razões para tatuar ou marcar o próprio corpo quantas pessoas há no mundo: auto-afirmação, ilusão, vaidade, status social ou simples desejo de decoração são algumas das motivações mais comuns, todas refletindo de alguma maneira a psicologia de quem a usa. Marcadamente, encontramos como pai desses diferentes motivos o desejo de uma identidade inalterável auto-imposta.

Os *piercings* (objetos que atravessam a pele de qualquer parte do corpo, semelhantes a brincos), os *brandings* (marcas de queimaduras de terceiro grau feitas intencionalmente sobre a pele com metais em brasa), as cicatrizes obtidas através de desenhos feitos com bisturi ou os implantes de objetos colocados por meio de pequenas incisões entre o músculo e a pele são algumas formas de expressão corporal muito antigas, resgatadas progressivamente com propósitos estéticos ou mesmo rituais. A pele é utilizada como veículo de comunicação não-verbal e não-tátil. Ela passa a ser um *outdoor*, ou veículo de comunicação visual, muito utilizado no passado e reeditado atualmente pela ciência da propaganda.

Originalmente, essas práticas, comuns entre povos primitivos, visavam à preparação de futuros guerreiros, que assim poderiam comungar com os espíritos protetores, além de comprovar para toda a comunidade seu elevado grau de coragem e resistência à dor. Nos dias atuais, verifica-se que a mais forte motivação para essas práticas é a moda e suas tendências, mesmo em subgrupos culturais, influenciando os procedimentos de alteração corporal até no nível odontológico.

O que se vê é que muito dificilmente a primeira tatuagem, ou *piercing*, ou seja lá o que se fizer, será a última, uma vez que esses atos estão distanciados de um contexto maior que lhes dê contenção, como ocorria originalmente nos rituais de determinadas culturas. Dessa forma, tais práticas ficam soltas, submetidas apenas à intenção daquele que faz uso delas, que pode estar vivendo num momento de visão mais estreita em relação ao próprio futuro.

Nas sociedades tecnológicas e científicas avançadas, os ritos deixaram o terreno religioso para se tornar manifestações eminentemente profanas. Muitas religiões possuem ainda seus ritos ancestrais, que são porém ignorados ou reduzidos consideravelmente diante das cerimônias originais. Muitos dos rituais religiosos foram substituídos pelas cerimônias escolares, como a graduação, ou por outros eventos, como o fato de atingir a idade legal para dirigir, votar, comprar cigarros ou bebidas alcoólicas.

Nessa nova configuração social, a maioridade legal está associada ao fim da escolaridade formal, coincidindo com a possibilidade de trabalhar e produzir, economicamente falando. O trabalho é o representante maior do ingresso do indivíduo na vida adulta entre as sociedades capitalistas.

Porém, em períodos históricos antecedentes ao capitalismo, anteriores mesmo ao pensamento moderno, sociedades antigas já assinalavam a maioridade de seus indivíduos através do recebimento de roupas ou acessórios próprios do adulto.

É o caso da troca das calças curtas pelas compridas, no caso dos rapazes. Os joelhos masculinos nus sugeriam virilidade e estavam associados aos uniformes de guerra dos antigos britânicos, aos saiotes escoceses ou mesmo, na atualidade, aos musculosos jogadores de futebol ou outros esportistas. Hoje não se encontra tanta cerimônia no fato de cobrir partes do corpo que insinuam sensualidade.

Assim como a maioria das formas de comunicação humana, o idioma composto do ato de se vestir está em constante mutação e reflete não apenas novas tendências da moda como também, e principalmente, novas formas de pensar e de agir. Novas idéias e condutas pedem novas formas de expressão verbal e não-verbal. Tendências sociais, políticas, culturais, artísticas se espelham não apenas no que se diz ou se produz em relação a elas, mas também na forma como são vestidas nos corpos. A apresentação física como um todo — roupas, acessórios, cabelos, pele, maquiagem — são a manifestação externa do mundo interior ou, pelo menos, de uma intenção de relação com o mundo exterior. Os diferentes estilos — esportista, confortável, sensual, nostálgico, executivo, "patricinha", ecológico, *grunge*, metaleiro, *punk* etc. —falam muito da personalidade e maneira de pensar de cada um. A forma de vestir pode ser utilizada para avaliar as diferenças sexuais, econômicas, étnicas, etárias, religiosas, culturais, psicológicas, entre outras.

A mídia tem influenciado fortemente esse veículo de manifestação individual e coletiva. Um exemplo disso é o forte apelo de campanhas publicitárias bem boladas para ampliar a faixa de usuários de seus produtos. Meninas pré-púberes, que ainda não possuem mamas desenvolvidas, são encorajadas a utilizar sutiãs, muito antes de necessitar deles. Criam-se demandas psicológicas, antes mesmo da real necessidade física, o que acaba se enquadrando perfeitamente na ânsia adolescente de logo tornar-se adulto. O desejo de pintar os cabelos ou de deixar a barba e o bigode crescerem é outra tentativa de mimetizar atitudes adultas, que trazem em germe seu inverso. Pessoas de idade mais avançada pretendem se vestir e se portar à maneira dos adolescentes, sugerindo uma juventude que já não existe.

Até o século XX, eram freqüentes as festas de debutantes com valsas e traje formal, hoje em extinção. Era um ritual de fim da infância, para apresentar a jovem adolescente como disponível, porém apenas para alguns privilegiados. Esse tipo de cerimônia foi introduzido na América por imitação daquelas realizadas pela aristocracia européia, pátria das valsas tocadas e dançadas. O conjunto da festa representava o anúncio da disponibilidade da jovem para o matrimônio, enquanto se preservavam os laços de consangüinidade e solidariedade do clã.

TEMPOS ATUAIS

No entanto, parece que as circunstâncias criadas pela cultura contemporânea são incompatíveis com a condução da maioria desses ritos. Lamentavelmente, a ausência de uma estrutura resistente de rituais de acolhimento e significação em nossa sociedade traz à tona questões como a da formação de gangues, grupos em que os jovens ritualizam sua iniciação, têm a própria moral e fazem o melhor que conseguem para assim se estabelecer. Porém, eles não foram iniciados no grupo social maior a que pertencem, o que os mantém à margem dessa sociedade, num contexto isolado e diferenciado. A discriminação passa a ser inevitável, a despeito da exaustiva repetição de seus rituais de batismo, muitas vezes radicais, a ponto de elevar os índices de mortalidade entre os jovens. Temos como exemplo o batismo dos surfistas de trem e o trote nas faculdades ou academias militares, que, apesar de proibidos por lei, continuam fazendo suas vítimas. Isso sem falar em drogas, armas, contrabando, roubo, crime organizado, terrorismo e fugas de casa, que constituem algumas tentativas desesperadas de iniciar a vida nessa sociedade, paradoxalmente criando rituais de exclusão.

O processo civilizacional veio como alternativa para romper com os ciclos de violência e destruição do ser humano, que vivia na era da barbárie, mas trouxe como efeito colateral o resgate dessa mesma violência acrescida da exclusão. Para saber o que é uma sociedade sem rituais, esses antigos recursos de inclusão social, basta abrir qualquer jornal diário. Eles estão repletos de reportagens sobre atos violentos, auto e heteroagressivos, praticados por jovens que não sabem o que fazer para ser incluídos e valorizados na sociedade a que pertencem.

Como a maior dor é aquela que se sente agora, a tendência é acreditar que os tempos atuais são piores que os passados, o que está muito longe de ser verdade. Porém, o tempo traz consigo a dimensão da experiência e do aprendizado. Assim, resgatar algo que funcionou bem no passado pode não significar um saudosismo deslocado ou fora de contexto. Trata-se do resgate de algo que faz falta, uma vez que a experiência contrária resultou infrutífera.

A sabedoria não resulta apenas em estratégias de avanço, mas pede momentos de reflexão, e muitas vezes de retrocesso, como medida protetora. O que não significa simplesmente que se devam ressuscitar os rituais do passado, que não mais fazem parte do momento evolutivo atual. Trata-se de propiciar um contexto acolhedor e simbolizador, como o que era fornecido para amparar socialmente a vivência individual de uma crise. O que faz falta é o reconhecimento de que o processo de transição dos jovens de agora é o mesmo que um dia foi o de crescimento e amadurecimento dos que hoje são mais velhos. E não se reconhece tampouco que esse distanciamento é pernicioso, como é possível verificar na prática. Cada geração continua a ser diferente da anterior, com novas questões sintonizadas com o momento em que se vive. O que não pode é faltar o suporte, o apoio, o acolhimento, o reconhecimento do que já se passou. Parece que a cada geração que passa esse contato vai ficando mais e mais difícil, e não só a sensação mas a realidade da solidão têm aumentado, produzindo indivíduos e toda uma sociedade insatisfeitos. O resgate não dos rituais mas do aspecto humano que envolvia os rituais passa a ser uma questão de sobrevivência da nossa espécie. Uma questão de ecologia social, na preservação do ser humano.

Por sua vez, os pais, vindos de uma geração não muito distante, e portanto frutos de um mesmo sistema falho de acolhimento social ao desenvolvimento da fase da adolescência, também estão confusos e contraditórios. Sua atitude acaba sendo igualmente ambígua, pois, em certos temas, esperam uma conduta precocemente adulta dos filhos, como é o caso da administração do estudo e do dinheiro, e em outros os tratam como crianças, como ocorre com assuntos relacionados a namoro e sexo.

No caso da rigidez por parte do adulto perante a rebeldia dos jovens, pode-se pensar nisso como o reflexo da violência com que ele mesmo sufocou as rebeldias de seu tempo dentro de si. A falta de flexibilidade de um tempo, se não for maturada, retorna no mesmo tom. A ressonância então produzida faz com que o adulto se identifique com o jovem e lance sua fúria sobre ele, sem perceber que se trata da projeção de algo não resolvido dentro de si, confundindo o sujeito da ação e a perspectiva passada e presente. A diferença é que a posição do adolescente tende a ser transitória, e a do adulto já revela uma cristalização antiga que o impede de lidar com a diferença, pondo em risco a relação que tem com o jovem e consigo próprio. Dessa forma, a crise do adolescente não só não é amparada e amenizada pelos já experientes pais como na verdade catalisa uma revivência da crise de adolescência desses últimos, que também ficaram com várias questões em aberto, a despeito da maior disponibilidade de tempo para sua vivência. O resultado de tanto eco é muito barulho.

Nesse panorama, o adolescente deve fazer seu processo de luto e elaborar perdas significativas como a do corpo e da fantasia infantis, de uma identidade conhecida, de um tipo de relação com o ambiente e com os pais, amigos e professores. É um luto amplo, que envolve aspectos corporais, emocionais, mentais e sociais e ainda traz em si a consciência de um novo luto em germe, que será o da morte dessa própria adolescência, quando da iminência do ingresso na vida adulta, na próxima transição. Inaugura-se, portanto, um novo paradoxo. Ele tanto deseja viver esse novo estado de possibilidade, de vir a ser, ao mesmo tempo em que sente falta da familiaridade do passado, que lhe dava segurança, e teme pelas mudanças que novamente terão lugar. A perspectiva de um novo enlutamento futuro é mais angustiante, pois nem bem se elaborou o luto presente, que ainda se faz sentir com força, e já se teme pela perda do que nem se conquistou. As sensações de prazer e euforia começam a dar lugar à ampliação de consciência típica da forma adulta de pensar o mundo, através de realizações concretas e delimitadas. A fantasia e o encantamento começam a sair de cena e um novo estágio evolutivo ganha força com as questões que lhe são próprias.

O jovem adquire então um novo formato. Passa a não mais reconhecer o próprio corpo, que muda em sentido e velocidade que ele desconhece e sobre os quais não consegue ter a menor participação ativa por meio de sua vontade consciente. Questiona a própria identidade, sentindo-se confuso. Nunca teve tanto poder antes, mas sente-se absolutamente impotente. Hostiliza os pais, quando na verdade deseja sua atenção e necessita dela. Depende financeira e emocionalmente dos pais, ao mesmo tempo em que rejeita radicalmente qualquer interferência deles em sua vida. Precisa de seu apoio, desde que não interfiram. Atira-se entusiasticamente a participar da agitada vida social, ao mesmo tempo em que anseia por momentos de solidão. Oscila entre otimismo e pessimismo, egoísmo e idealismo, radicalismo e flexibilidade, ascetismo e indulgência, submissão e rebelião, turbulência e sensibilidade, determinação e preguiça, num vaivém que parece não ter mais fim.

De modo geral, haveria uma tendência da geração que já se encontra estabelecida em limitar o acesso ao poder da nova geração que se desenvolve. Parece difícil aceitar tal tipo de afirmação; por isso mesmo, na grande maioria das vezes, esse fato se encontra muito bem protegido sob uma camada espessa de defesas. O vestibular seria um exemplo disso. Com suas características castradoras, é um dos resquícios sociais dos rituais de iniciação, da limitação do acesso dos jovens ao poder. Esse tipo de restrição real acaba por dar mais ênfase à área de conflito entre as gerações.

Ao considerar o aspecto qualitativo do tempo, é possível verificar significativas diferenças no processo descrito. O tempo passa a ser encarado a partir de uma percepção de ordem, de uma seqüência, de um motivo. No caso dos rituais de passagem, determinado período de tempo era disponibilizado especialmente para processos de afastamento do indivíduo de sua sociedade, para o alcance de condições ótimas de desenvolvimento, em que se contabiliza o resultado direto de um investimento. Um tempo que era usado, mas seguramente não era perdido.

Quando, numa sociedade primitiva, a comunidade se organizava em torno de um grupo de jovens e preparava seu isolamento, segregação, diferenciação através de pinturas, incisões etc., não estava produzindo ou incutindo nesses jovens um sentimento de solidão, pois a solidão já existia. Eles a estavam deflagrando, quando revelavam o que jazia como um temor, uma possibilidade. Ficava explícito que a solidão existia mesmo, e se podia lidar abertamente com isso, pois os mais velhos a reconheciam e a expressavam, abaixando a ansiedade dos iniciantes, ao dar, através deles mesmos e de suas condutas, o testemunho do resultado de todo esse processo. O adulto se mostrava seguro de seus atos ao repetir o que já se passara com ele também, trazendo conforto e confiança aos jovens iniciantes.

Agora, posturas reticentes de adultos que evitam falar a respeito tanto do que se passou consigo quanto do que está presenciando ou, ainda, que ficam esperando, para ver no que vai dar isso tudo, não ajudam muito. Uma conduta de medo ou insegurança, mascarada pelo silêncio, reforça o receio do jovem de que os medos e as inseguranças que ele sente hoje possam vir a se tornar perenes, como ocorreu com os adultos com quem ele interage. E, como todo mundo sabe, o fermento do medo é o próprio medo. Passa-se a ter medo de ter medo, e assim o ciclo se perpetua.

DOR EXISTENCIAL

O sofrimento e a dor fazem parte da vida, e não há muito como escapar disso. A história e as religiões de modo geral são unânimes em afirmá-lo. Porém, também auxiliam a compreender e a interpretar essa dor, buscando alternativas de como suportá-la ou até superá-la.

Por mais bizarro que possa parecer, a dor física e o sofrimento mental são importantes não apenas para o desenvolvimento, mas também para a manutenção da vida.

Pacientes com doenças neurológicas ou infecciosas, que os impedem de sentir dor, necessitam de cuidados especiais para evitar que se machuquem demasiadamente, uma vez que perderam o sinal de alerta que todo organismo deve ter para salvá-los dos perigos que ameaçam sua integridade física.

Ao contato da mão com algo muito quente, por reflexo, ela é retirada imediatamente, caso contrário podem ocorrer queimaduras profundas, chegando a destruir por completo a área de contato.

O mesmo paralelo pode ser aplicado a alguns tipos de sofrimento psíquico, como a tristeza, por exemplo. Por ser dolorosa, é desconfortável, e a tendência é evitá-la ou escapar dela. Mas, apesar disso, ela ainda é uma capacidade humana, dentro das possibilidades emotivas, e pode ser necessária, assim como no caso da dor física, tanto para alavancar o desenvolvimento psíquico como por representar uma medida protetora contra danos maiores. A tristeza é uma qualidade de sentimento adaptativo na medida em que permeia a relação do ser consigo mesmo e com o meio externo.

A extinção dos rituais e, conseqüentemente, da capacidade de lidar de forma direta com as possibilidades de dor física e mental gerou outro sintoma grave em nossa sociedade: a hipermedicação. A dessensibilização do indivíduo em relação à dor não foi efetuada da forma natural e portanto mais adequada, então se lança mão de recursos paliativos para dar conta desses sintomas incômodos com os quais não se aprendeu a lidar de forma criativa e saudável. Não por acaso, os campeões de vendas em farmácias e drogarias de todo o mundo ocidental são os analgésicos do tipo aspirina ou os antidepressivos do tipo Prozac. A dor que foi protelada é agora calada. Isso não significa que não exista o uso sensato e justo desses medicamentos, mas é necessário contextualizá-lo. Eles representam um avanço na ciência farmacológica e têm beneficiado uma série de pessoas com sofrimentos atrozes. A idéia aqui é ampliar a forma simplista de aniquilar sintomas, buscando entender não somente uma possível origem deles, que pode estar escondida em crises passadas e mal resolvidas, como também do comportamento de nossa sociedade atual diante deles. Colocar pílulas mágicas em lugar do investimento humano significa perpetuar o erro. É mais uma vez procurar o caminho mais curto sem questionar se esse é realmente o caminho mais próximo da natureza humana, que transcende o aspecto puramente biológico. Nós somos muito mais do que uma máquina desajustada que requer reparos mecânicos.

Se um fármaco produz o efeito desejado a curto prazo, por que investir em roteiros demorados de autoconhecimento, que produzirão melhorias a médio e a longo prazo? A resposta está nos resultados obtidos. Existe algo que é a satisfação pessoal, um sentimento extremamente agradável que consiste não apenas em atingir uma meta, mas em alcançar a si próprio, aproximar-se mais de si mesmo. A satisfação pessoal é o sentimento mais próximo da auto-estima e requer investimento constante. Difere do prazer, que pode ser rápido e não trazer necessariamente benefícios duradouros para a vida do indivíduo. Corresponde à clássica separação entre alegria e felicidade. A primeira é momentânea, fugaz e resultante de algumas das coisas boas da vida. Já a segunda é mais duradoura, compreendendo mesmo fases difíceis, por se tratar de um conjunto maior. Por isso, encontram-se à venda pílulas da alegria, mas nunca da felicidade.

A felicidade vai além até da satisfação e representa um estado de espírito. Na verdade, ela não está sediada no efeito externo em si de alguma situação, mas antes reside na repercussão interna dessa situação. A ilusão geral, no entanto, é acreditar que a felicidade está nas coisas que não se tem ou naquilo que não se é, quando o desafio está em encontrar a felicidade mesmo dentro do grande drama que é a vida, com seus altos e baixos.

SUBLIMAÇÃO

Em tempos primitivos, os rituais constituíam recursos para escapar momentaneamente dos determinismos fatigantes de um mundo rústico e animalizado, na busca de algo sublime e espiritual, vislumbrado-os como experiência ideal para a humanidade como um todo. Mesmo que essas cerimônias utilizassem apenas os toscos recursos que existiam em eras remotas, tão rudes quanto a própria natureza do homem de então, como sacrifícios, mutilações, imolações, isolamentos, narcotizações, intoxicações e jejuns prolongados, a proposta era justamente a saída desse ponto evolutivo para outro mais adiante, ou seja, a transcendência. Era o que se poderia caracterizar como a conduta religiosa de então e a representação de uma forma de conscientização do estado efetivo e do ensejo de progresso iminente.

Apesar disso, as cerimônias, os ritos, os símbolos e as distinções hierárquicas que tanto impressionam os sentidos humanos são recursos que podem identificar um conjunto de pessoas que praticam cultos simpáticos entre si, mas não provam a presença do verdadeiro sentido da espiritualidade como perspectiva evolutiva de libertação da nossa origem animal.

Isso fica ainda mais claro quando identificamos em nosso tempo presente regiões do globo ou conglomerados humanos que continuam a executar, de forma fiel ou aproximada, as mesmas práticas de seus antepassados. No entanto, são rituais que em nada se parecem com as condutas que teriam assimilado os progressos culturais e morais da humanidade no sentido de ampliar uma perspectiva evolutiva e sublimada da condição humana. Muito pelo contrário, parecem reminiscências de um passado que teima em não desaparecer, mantendo determinados aspectos primitivos e animalizados na forma de rituais, cuja finalidade se distancia cada vez mais de um ideal de humanização, que preconiza certa dose de sublimação.

A palavra "sublime", derivada de "sublimação", vem do latim *sublimen*, em que *sub* remete ao que está embaixo, em posição inferior, e *limen* a limite, dando a idéia da transposição de um limite, numa ascendência aparentemente vertical, indo do inferior ao superior, do mais rude e tosco para o mais elevado e fino. O início histórico do uso dessa expressão parece estar vinculado aos antigos alquimistas, que buscavam a purificação de determinadas substâncias de suas partes heterogêneas, num paralelo claro ao processo psicológico de transformação. Através do aquecimento, essas substâncias passariam do estado sólido em que se encontravam diretamente ao estado gasoso, retornando em seguida ao estado sólido, totalmente livres das impurezas que não possuíssem suas mesmas características. A alquimia, com todas as suas regras secretas e procedimentos meticulosos, configurava um autêntico processo ritual medieval de busca da pedra filosofal, ou ouro do tempo, como conquista sublime humana.

Somente após o século XIX, durante o período de maior desenvolvimento do pensamento científico, a sublimação tornou-se uma noção múltipla que conjugava tanto a idéia de manipulação química quanto a das transformações psíquicas. Cabe lembrar que, nesse meio tempo, variados artistas fizeram uso da imagem sugerida pela sublimação, como os escritores Victor Hugo e Goethe, servindo como principal fonte de inspiração para o criador da psicanálise.

A sublimação foi utilizada como referência pela psicanálise para representar e nomear o processo de transformação psíquica que acompanha de perto o jovem durante a adolescência e também depois dela. A progressiva transformação do impulso sexual, de sua forma mais instintiva para algo mais sublime, resulta do encaminhamento desse impulso para finalidades não-sexuais, quais sejam as do domínio intelectual, artístico ou religioso, fundamentais para o progresso da civilização.

A intelectualização da vida instintiva representa um mecanismo psíquico pouco eficiente de tentativa de algum controle sobre ela, mediante sua vinculação a idéias e palavras, sugerindo a possibilidade de que os instintos sejam manejados pela consciência. Assim, apesar de brilhantes, a maioria das realizações mentais dos adolescentes resultam infrutíferas por servir a propósitos de ordem interna, mais do que a preceitos pragmáticos. Representam um recurso psíquico para tentar superar o perigo da livre manifestação dos instintos, que podem ser de origem agressiva ou sexual, dos quais o jovem tem tanto medo devido a toda a sua recente eclosão.

Dessa forma, o exuberante desempenho intelectual, apesar de causar orgulho a muitos pais e aos próprios adolescentes, pouca ou nenhuma diferença fará para o seu comportamento real, não se revertendo, na grande maioria das vezes, em benefício na prática. Um exemplo claro disso é que suas preocupações grandiosas com o destino da humanidade não o impedem de exibir a mais gritante falta de consideração por aqueles que lhe estão próximos. A evolução no domínio dos instintos está em associar o afeto às palavras, que começam a ser empregadas de forma meramente experimental. O emocional e o racional terão ainda um longo e conturbado namoro pela frente até que possam finalmente se casar.

O tão famoso comportamento de oposição social do jovem, cantado em verso e prosa, representa um sintoma adaptativo dentro do leque de possibilidades de que ele dispõe. Como o seu funcionamento psicológico opera através de projeções maciças de questões de ordem interna para seu meio exterior, é possível verificar que os conflitos advindos da construção da identidade corpórea e psíquica são projetados nos questionamentos sociais. Ou seja, a realidade de um corpo que angustia é negada e passa a ser trabalhada sobre a ordem social, também sentida como incerta e assustadora, num paralelo claro à sua difícil experiência interior. A postura assumida diante do grupo social na cobrança de definições e condutas dos demais remete à busca das mesmas construções e definições no âmbito individual, na organização de sua própria identidade. Não é o mundo que o jovem quer reconstruir e salvar, mas é a si próprio. Esse é um dos motivos básicos que o levam a sublimar seus impulsos através das manifestações culturais e, portanto, coletivas, o que também é instintivo, já que pertence à natureza humana fazê-lo. Mas o adolescente pensa o contrário. Acha que é o resultado de uma batalha individual e está fazendo o que os outros esperam dele. A sensação é de que o teatro está montado e a platéia lotada. Não se conhece o texto, e todos, é claro, estão esperando por uma exímia apresentação. A vontade que dá é de sair correndo. Como não é possível, lança-se mão dos mecanismos de defesa como o da intelectualização e da sublimação para tentar atenuar um pouco a intensidade dramática dessa tragicomédia.

Em suma, diante do perigo pulsional representado pela eclosão dos instintos, a sublimação constitui uma das principais vias de escoamento dessa energia, que passa a fluir através dos canais da ciência, das artes, das religiões ou de qualquer outra via socialmente enaltecida. Ainda assim, a instabilidade continua regendo o momento, uma vez que esse processo não resulta da vontade consciente. Representa apenas mais uma ferramenta, que será mais ou menos utilizada, de acordo com os recursos e as oportunidades de cada um, resultando em algum tipo de adaptação ou aprendizagem.

A aprendizagem significativa é o produto da integração da experiência individual com o próprio objeto de aprendizado, ou seja, é significativa na medida em que modifica o aprendiz e o conceito, manifestando-se como a integração do mundo interno com o mundo externo. Representa a possibilidade de interiorizar as informações, carregando-as de afeto, de um valor pessoal.

Grande parte do aprendizado psicológico no contato com os rituais se perdeu no encantamento puramente formal do cerimonial, considerando-se a mera participação no ritual, a quitação de seus deveres sociais. São ritualizações externas em que dogmas, compromissos, símbolos, rituais, adorações ou cerimônias complexas satisfazem o gosto dos sentidos físicos e dão a falsa impressão de etapa vencida. Sem a correspondente transformação interior, de nada vale o ritual, mesmo que deixe marcas físicas ou psicológicas evidentes. Se não houve uma contribuição no sentido do amadurecimento psíquico e social, não se atingiu o objetivo, o que resulta em uma ritualização vazia, uma cerimônia de gestual automático, uma vivência mecânica. Crenças supersticiosas do passado foram pulverizadas pelas comprovações científicas do século XX. Novos valores progressistas do mundo pedem novas posturas.

O desenvolvimento não se dá em períodos estanques, restritos aos momentos escolhidos para a performance dos rituais, mas na lide constante com o dia-a-dia e nas relações com as outras pessoas.

Dessa forma, o estudo da história da humanidade rende argumentos para que não se abandonem pura e simplesmente as manifestações ritualísticas de determinados agrupamentos culturais, mas, antes, que se faça sobre elas uma releitura ampliada de seus significados para o ser humano de um tempo passado e para o de hoje, a fim de que não se dêem saltos impossíveis na esteira do progresso humano. As conseqüências disso nós já conhecemos.

Mudanças Visíveis e Invisíveis no Corpo e Além Dele

Quem é que tá dentro de mim que eu
não conheço?
Quem é aquele que eu tô vendo no
espelho e acho que não pareço?
Será que tudo que acontece comigo eu
realmente mereço?
Ou então pode ser que a minha alma
tenha errado de endereço.

ME DEIXE SOZINHO
Paulinho Moska

Hipócrates, o pai da medicina, teria dito que "o organismo humano é infinitamente variável, sem o que a doença seria impossível". Os psicólogos poderiam pegar uma carona nessa afirmação e complementar dizendo que o comportamento humano é infinitamente variável, sem o que os desvios de conduta seriam impossíveis.

Hipócrates foi um médico que viveu na Grécia por volta de 400 a.C., praticando e ensinando a medicina, dando importância à influência de fatores ambientais, postulando a interdependência entre a mente e o corpo e ressaltando o poder curativo inerente à própria natureza. Apesar de ser considerado ainda hoje o pai da medicina ocidental, muitos de seus conhecimentos vanguardistas permaneceram em desuso por longos períodos, vindo a ser resgatados mais modernamente com a confirmação prática da veracidade de suas afirmações.

O que aconteceu por um longo tempo é que a declaração formal de um diagnóstico ou de uma explicação científica para cada fenômeno da natureza tolheu muito da espontaneidade e da riqueza que certas vivências poderiam oferecer. Passou-se de um extremo ao outro sem que se pudesse fazer uma pausa de aprendizado no meio do caminho.

Nas culturas primitivas ocidentais, onde ainda não se havia desenvolvido a escrita, processos de doença e cura, ou de transições vitais, eram vividos de forma ritualística ou mágica, cujas explicações eram resumidas na referência a determinado deus ou entidade do mundo dos espíritos.

No outro prato da balança encontra-se um racionalismo científico que, por vezes, chega a anular a experiência, minuciando-a em análises explicativas. O pensamento científico da era moderna que vigorou do final da Idade Média até meados do século passado foi aquele regido principalmente pelas concepções cartesianas e newtonianas da natureza e da vida. Essas concepções pregavam que o método científico positivista seria a única abordagem válida do conhecimento, valorizando-se os recursos materialistas e promovendo-se a cisão entre corpo e mente, matéria e espírito. Foram alguns séculos regidos, em nossa cultura, por uma visão mecanicista da natureza e do ser humano, em que cada corpo era visto como uma máquina, passível de ser analisado em suas partes constituintes de forma isolada.

No momento que vivemos atualmente, o da pós-modernidade, a mudança de padrão no pensamento científico prevê maior intercâmbio e interpenetração das diversas áreas do conhecimento humano. O corpo e a mente passam a ser divisíveis apenas com propósitos didáticos, sem aplicação real. Mente e corpo são manifestações diferentes de uma única pessoa. Matéria e energia são uma só, em estados diferentes. Instaura-se a teoria da relatividade, de Albert Einstein, que mudou a concepção de mundo e de ser humano.

A vida não é um mar de calmaria com algumas indesejáveis tempestades. Sob essa nova visão, a vida estaria longe de ostentar características como homeostase ou equilíbrio. Estas seriam circunstâncias que subentendem algo estático, rígido, sendo a vida algo eminentemente dinâmico. Ela é feita de sucessivos desequilíbrios que a mantêm em evolução, em movimento, em amadurecimento físico, psíquico e social.

A rigidez é a própria doença. Quando se está perante um organismo que por algum motivo perdeu a capacidade de auto-regeneração, transcendência e flexibilidade, está-se diante do que se pode chamar de patológico. Quando um ciclo vital não é respeitado, aparece a rigidez ou a doença, até como resposta adaptativa para evitar um dano maior. É possível falar em mecanismo de defesa ante qualquer tipo de ameaça.

Crises existenciais maiores, como uma tristeza profunda, ou menores, como uma gripe, são movimentos do organismo biológico e psíquico, próprios da dinâmica da vida. A vida é feita de ciclos, e não de retas. Uma depressão que se instala é uma crise da qual não se conseguiu sair com sucesso. As crises vêm, fazem sua função de auxiliar a enfocar questões do desenvolvimento e depois devem sair de cena, deixando uma considerável alteração em relação à vida anterior a elas.

O problema aparece quando a crise se instala e não se consegue desbaratá-la, de modo a superar as dificuldades que ela propõe. Passa-se então a apresentar os chamados sintomas, que possuem basicamente duas funções paradoxais: uma é a de proteger de desvio aquilo que poderia ter provocado a crise; a outra é a própria denúncia de que algo não vai bem. A idéia central desse paradoxo é que não se devem focalizar apenas os sintomas, pois na verdade desviam a atenção da verdadeira fonte de todo sofrimento, que vai além de uma única causa, como uma bactéria, uma briga em família ou outra coisa qualquer. Existe toda uma complexa rede de interligações de diferentes aspectos da vida do indivíduo que em um momento ou em outro se tocam, podendo provocar pequenas faíscas ou grandes curto-circuitos. Os sintomas apresentados vão desde um chamuscado leve a um grande apagão.

O modelo simplista de causa e efeito caiu por terra e pode ser analisado sob inúmeros aspectos. Um exemplo prático é a relação da mãe com a criança. Uma criança não é passiva em sua relação com a mãe, e essa relação também não é linear. Não basta que a mãe faça isto ou aquilo, conforme preconizaria um manual. Tudo vai depender da forma como se procederem as atividades, mesmo as mais triviais, como alimentação, higiene e trocas de vestuário. Atividades rotineiras representam as ritualizações cotidianas das prioridades vitais, conscientes ou não. Esses rituais fornecem uma forma e um sentido àquilo que não pode ou não costuma ser explicado verbalmente. Coloca-se em atos aquilo que ainda não pôde ser verbalizado, e isso a criança entende. Ela ainda não acessa a complexa trama simbólica da linguagem verbal humana, pois não possui desenvolvimento neurológico para tal. Mas é capaz de perceber e sentir o que está se passando com ela. Essa é uma característica interessante da vida infantil, que muitas vezes avança maciçamente até a vida adulta. É o caso de pessoas que também experimentam toda a sorte de sentimentos e sensações, mesmo sem ser capazes de nomeá-los e expressá-los verbalmente, gerando os não raros problemas de desadaptação social ou de relacionamento.

Mas cabe lembrar que um indivíduo não é rígido. Ele está rígido e poderá sair dessa situação se receber auxílio adequado, num ambiente favorável às mudanças. A primeira providência útil é desrotular quem está com algum problema, permeabilizando as relações, permitindo que a comunicação e conseqüentemente a ajuda aconteçam. Os sintomas devem ser redefinidos sob uma perspectiva dinâmica e positiva, considerando-se que originalmente eles apareceram como veículo para as transformações, para uma evolução positiva. O que lhes emperrou a progressão foram as dificuldades individuais ou ambientais, circunstanciais ao evento crítico. Subqualificação ou superexigência são condutas extremadas que costumam incorrer igualmente em conseqüências desastrosas.

Porém, mais do que entender as causas de determinado desvio ou sintoma, para tentar atacá-las, é preciso compreender quais circunstâncias favoreceram seu estabelecimento e a que função se prestam na vida dessa pessoa e na sua constelação de relacionamentos.

DESENVOLVIMENTO PSÍQUICO

Na infância havia a inocência, que vem do latim *nocere*, a mesma raiz da palavra "nocivo". Inocência significa, portanto, a incapacidade de causar mal, ser inofensivo. Corresponde a uma qualidade que supostamente se perde com a adolescência e com a tomada de consciência do que é a vida, como ela funciona e como manejá-la sem maiores prejuízos.

O nível de dependência das crianças é total, uma vez que para ser alguém nessa fase é preciso pertencer a outro, não só quanto às necessidades fisiológicas mas também em nível psicológico. A criança precisa pertencer a figuras de afeto e autoridade que lhe satisfaçam as necessidades físicas e emocionais. Nessa fase, portanto, ela acaba se parecendo muito em comportamento aos que a rodeiam, quase numa continuidade destes.

Com a adolescência, chega a hora em que essa relação de pertença, a garantia do afeto e a segurança da autoridade não lhe bastam mais. Não dão conta do que ocorre em seu mundo interior. A pessoa começa a experimentar sensações que não consegue nomear e não cabem mais naquelas conhecidas figuras de afeto e autoridade. Ela passa a vislumbrar a si mesma, agora já fora da relação. Antes a pessoa se definia e se bastava como filho ou filha na relação. Agora percebe que é alguém além da relação.

Quando a relação parental não mais oferece um significado completo à vida, a pessoa está entrando na adolescência. Um novo esquema corporal começa a despontar, mas, principalmente, há o descobrimento de um mundo interno, totalmente novo. Uma subjetividade, um significado pessoal para aquilo que se vive. É a descoberta da própria individualidade com o desejo de conhecer o mundo e colocá-lo dentro de si, dar-lhe um nome e sobrenome, pois é nomeando algo que este passa a existir.

Começa a noção de tempo, que se impõe com uma morte simbólica: a morte da infância. Na infância havia apenas o aqui e agora como realidade perene. Com a morte dessa perspectiva, começa a existir um passado, algo para ser deixado para trás, e o impulso para um futuro desconhecido. As coisas passam a ter começo, meio e fim, pois pela primeira vez houve a vivência do fim.

A partir desse momento, a criança não mais se reconhecerá pelo outro, mas buscará sua identidade, que a princípio imagina construí-la. Aos poucos, percebe que deve conhecê-la. Há algo que diz respeito a ela e a mais ninguém. Algo pessoal que ela anseia definir, mas conhecerá aos poucos, na vivência. É a tarefa de nomear a si mesma e ao mundo, suportando algo novo e muito difícil, que é o fato de cada existência ser única.

Enquanto criança, pertencia a um grupo, à família. Agora busca sair da família, mas continua numa relação filial, quando procura associar-se a grupos religiosos, desportivos, filosóficos ou outros do gênero. Algo maior, onde ela repita sua relação de pertença de forma externa, para a qual possa olhar e nela se reconhecer. É algo próximo ao que ocorre nas paixões semanais, em que busca replicar a relação de entrega total da infância, tão recentemente perdida. Quanto mais procura ser igual, mais se descobre única. Quanto mais deseja ser diferente, mais percebe as semelhanças. Esse paradoxo, logicamente, vem carregado de muita angústia e do sentimento de profunda solidão e confusão que a acompanhará por muito tempo, independentemente da companhia de que disponha.

Esse difícil processo de construção e reconhecimento da própria identidade será fundamental para a vida em sociedade. Só se permite a proximidade do outro quando isso não representa mais uma ameaça. E será uma ameaça enquanto não se puder definir a si próprio e se estiver sujeito à definição do outro, de uma forma diferente da que se acreditava ser. A enunciação de algo diferente daquilo que alguém usa como auto-referência pode ser altamente desestruturador nessa fase de intensa vulnerabilidade.

INÍCIO DA ADOLESCÊNCIA

A adolescência se inicia, portanto, com a descoberta da subjetividade e se encerra com a aceitação dessa subjetividade, pelo menos parcialmente.

Na verdade, a adolescência é um grande período de definições e, por isso mesmo, um período de indefinições. Buscam-se as definições, pois elas ainda não existem. E estão todos ao redor aguardando o resultado dessas definições, o que só contribui para aumentar a ansiedade.

Por isso, é fundamental transmitir confiança, para que o jovem desenvolva também a sua autoconfiança. É preciso que os adultos transmitam sentimentos de esperança, pois já passaram por isso, para que o jovem perceba que também colherá seus frutos um dia. Os pais devem se lembrar da própria adolescência para poder ajudar e estar próximos dos filhos durante esse período de transformações vitais. É necessário resgatar a própria experiência e renomeá-la, reeditá-la para uma nova realidade. A revivência desse processo em conjunto com o adolescente, quando feito com abertura e de forma honesta, poderá produzir a ressonância necessária para um processo sereno de autoconhecimento e amadurecimento de ambos.

É bom lembrar, porém, que isso ajuda, mas não acaba com a angústia de nenhuma das partes envolvidas, que terão de se haver cada um com seus sentimentos. Os pais estão também fragilizados. Não é por se tratar de uma releitura de experiências passadas que isso torna o processo mais tranqüilo. A paternidade ou a maternidade, sem distinção de gênero, constituem uma experiência peculiar que evoca fragilidade e impotência, assim como a adolescência, porém numa outra oitava.

Uma diferença fundamental entre o processo de ser adolescente e o de ser os pais de um adolescente é que o jovem não pensa tudo isso que foi dito aqui, sobre incertezas, tentativa e erro, oscilações, frustrações, impotências e todas as limitações. A regra é outra, e é só por isso que ele consegue passar por todo esse processo. Ele vive a certeza. Ele tem certezas absolutas que em muitas ocasiões não resistem a análises mais minuciosas ou, às vezes, nem a menos que isso. Pode trocar de certeza a cada 15 minutos, mantendo a mesma convicção anterior, assim como faz com as paixões. São fulminantes e por isso mesmo fugazes. A célebre expressão latina *carpe diem*, resgatada há não muito tempo pelos estúdios de cinema no filme *Sociedade dos poetas mortos*, reflete bem essa necessidade de aproveitar o dia, conforme sua tradução literal.

O jovem vive no tempo presente, de forma diversa de como o fez durante a infância. Agora ele pode nomear o presente, pois já tem uma história passada e uma projeção futura. Aproveitar o dia, por isso mesmo, significa muito mais do que viver o dia de hoje, mas antes é fazer o dia de hoje. Seus sonhos e esperanças necessitam de auxílio para se transformar em projetos. A família, a escola ou a própria sociedade devem se organizar no sentido de dar forma a esses sonhos, oferecer condições para que as esperanças ganhem corpo e os jovens nunca deixem de acreditar em um mundo melhor.

ALGUNS TROPEÇOS

Não só errar é humano, mas principalmente aprender com os erros. E o que é mais humano ainda é a possibilidade de aprender com os erros dos outros. Só assim a evolução se torna possível, quando existe uma história da qual podemos nos beneficiar. Afinal, o tempo de que se dispõe já não é suficiente para o aprendizado de tudo o que se necessita através unicamente dos próprios erros. Nesse ponto, é preciso ser criativo e observador. Aí dá para imaginar a angústia de alguns genitores ao ver seus filhos não só não aprendendo com a experiência que eles, pais, se propõem a disponibilizar para acelerar o aprendizado, mas até mesmo repetindo constantemente os mesmos erros. É uma ilusão acreditar que os erros são caminhos que não precisam ser percorridos. Muitas vezes, eles são evitáveis, mas essa não é uma regra única.

O que deve ficar claro é que as pessoas são diferentes, com ritmos e necessidades individuais. Aquilo que para uns pode ser sensibilizado apenas a partir da vivência indireta de determinadas situações críticas para outros pode requerer inúmeros reforços vivenciais, através de infindáveis repetições, até que se dissipem as dúvidas ou inseguranças a seu respeito. E isso ocorre não só entre diferentes pessoas, mas também com referência a temas diferentes, que são encarados de formas distintas pela mesma pessoa.

São as crises de transformação, em que se sai do ponto onde se estava para uma nova posição em relação a si mesmo e ao mundo. É a separação de um "eu" que não cabe mais, assim como ocorre na troca de pele das serpentes, o que traz consigo um sentimento de solidão devido à impressão de ter-se abandonado a si próprio. Por isso, tais momentos pedem companhia. Um sucesso terá melhor significado se for na companhia de alguém querido. Quanto maior o número de pessoas envolvidas, melhor o gozo desse sucesso. E o contrário também é verdadeiro. O sucesso isolado não garante nada além daquele momento, podendo mesmo ser cruel pelo paradoxo que pode representar no nível psíquico para a pessoa.

Há momentos em que a tomada de consciência desse processo de amadurecimento, sem o devido respaldo dos demais membros do grupo a que pertence, pode gerar no jovem maior sensibilização, fazendo-o até ficar deprimido. É uma experiência extremamente frustrante a vivência do luto dos sonhos, principalmente nessa fase da vida, em que eles literalmente borbulham.

Quanto aos adultos, o esperado é que já se encontrem em outra etapa de desenvolvimento que privilegie mais o contato com a realidade e menos com a fantasia. E que por isso mesmo, apesar de estar também às voltas com suas crises, eles possam reconhecer o que se passa com o jovem e dar-lhe suporte, e não mais terra para jogar sobre seus sonhos.

Por sorte, nessa fase da vida o jovem pode contar com um auxílio extra da natureza, que é sua capacidade quase imediata de regeneração. A vitalidade está no corpo, com toda a festa dos hormônios, mas está também na psique, com a roda-gigante das emoções. O sofrimento de hoje é o maior do mundo. E é mesmo, pois os jovens são realmente mais intensos e suas emoções, mais extremadas. Mas seu ponto de mutação também é muito mais rápido, e a roda dá mais uma volta em alta velocidade. As terapias com jovens são um reflexo direto dessa característica, pois são geralmente muito rápidas. Exceção deve ser feita obviamente a casos crônicos ou de maior gravidade.

Cabe lembrar aqui que a palavra "terapia" deriva do grego *therapeuin* e significa dar assistência, cuidar, que é tudo de que o jovem precisa nesse momento. Ser cuidado e amparado, mas não como era quando criança. Agora o que ele precisa é de um respaldo, para que faça sozinho seu processo.

Observando a partir desse ponto de vista, podemos arriscar dizer que não se trata aqui apenas da adolescência dos jovens, como também da humanidade, que ainda não amadureceu conceitos de comunidade como esse em que o sucesso tem de envolver o maior número de pessoas, e ninguém chega a um grande resultado sozinho, sem ajuda. As grandes obras, via de regra, são cooperativas.

PRIMEIROS PASSOS

Muito da confusão e da depressão sentidas pelos adolescentes se deve à entrada no mundo adulto, onde os relacionamentos e as responsabilidades são muito diferentes daqueles conhecidos até então. A forma como um adolescente lida com essas mudanças depende de vários fatores como, por exemplo, as crenças e atitudes da família de origem e a maneira como a sociedade onde ele se insere lida com questões como sexo, poder e dinheiro. Isso acaba norteando o que é aceitável ou não em determinada cultura.

As rápidas mudanças sociais que tiveram lugar na segunda metade do século passado colocaram as novas gerações em total desigualdade de condições com as gerações anteriores, afetando as vias de intercâmbio sob diretrizes comportamentais. Uma área comum de desentendimento dos jovens com suas famílias, que transcende esse desencontro intergeracional, é a medida da liberdade que os adolescentes devem ter.

Os ajustes dessa discussão variam com o tempo, mas o tema é perene para a espécie. Haverá sempre o desacordo entre aquilo que os pais acham coerente quanto à concessão de liberdade e aquilo que os jovens insistem em merecer, pois tal confronto é próprio desse período. A posição do jovem será sempre a de desacordo, pois ele está no momento de testar limites, conhecido como transgressão. Mesmo no caso de pais que tendem a ceder quando pressionados, o jovem tem a reclamar da falta do limite, que reflete uma falta de cuidado, representando uma prova de desamor. Ele quer o limite e o testa como quem quer desesperadamente conferir se realmente é amado, checando se os pais cederão naquilo que afirmam ser o melhor para os filhos. Além da prova de amor, os jovens querem o motivo para se rebelar e exercitar sua capacidade de negociação. De qualquer forma, o resultado inefável dessa situação é a sensação de injustiça por parte dos adolescentes, de ser tratados como se fossem ainda crianças, o que gera sentimento de raiva e atitudes desafiadoras, filme esse já visto por várias gerações, com a promessa de não se extinguir tão cedo.

Outra questão vitalícia é o fato de que, apesar de tanto os jovens quanto os pais se ocuparem, ou se preocuparem, das mesmas coisas, eles terão formas diferentes de encará-las. Essa diferença e a sensação recíproca de falta de compreensão constituem com freqüência o resultado do salto entre as gerações. Assim, o luto pela infância, que dá lugar ao jovem que surge, não é sentido apenas pelo próprio adolescente, mas vivenciado muito fortemente também pela família, que sente a perda daquela criança que, de alguma forma, controlava e conhecia.

O autoconhecimento e a autonomeação se inauguram na adolescência, mas não se findam com ela, pois são tarefa para a vida toda, que se aprofunda mais e mais com o passar dos anos.

Adolescer, ou entrar na adolescência, vem do latim *adolescere*, que significa crescer, desenvolver-se. É um verbo intransitivo, o que dispensa objeto direto ou indireto. Ele se basta por si. Dá-se sozinho, pela natureza, mesmo na ausência de estímulos ou condições especiais. Salvo em determinadas patologias ou desvios, que representam a exceção, o processo da adolescência é do destino humano e ocorrerá, querendo ou não, mesmo que não se esteja preparado para ela. Mas, se for possível acrescentar amor, cumplicidade, presença, companheirismo, tolerância, compreensão, só para citar algumas das coisas mais importantes que podem ser recebidas em momentos difíceis, seguramente aquilo que deveria ser apenas um processo natural se tornará uma experiência superlativa que influenciará em muito os anos vindouros.

Muitas das mais intensas emoções humanas nascem justamente nos processos de construção e ressignificação dos vínculos emocionais. A mudança de papéis pede uma reavaliação dos contratos afetivos que se estabelecem com o outro, mantendo-se clara a premissa de que o apego emocional é uma necessidade básica e vital, e não o descarte de um processo de conquista de liberdade.

A possibilidade de uma vivência mais completa estará refletida na forma consciente e inconsciente de relacionamento consigo próprio, com os outros e com a vida. Quando alguém muda, obrigatoriamente será gerada uma mudança ao seu redor, em suas relações. O problema é que nem todo mundo estará disponível para realizar essa mudança no mesmo momento. Aí nascem diversos desencontros. Mas é muito mais difícil realizar o sonho de vida dos outros na própria vida, em vez dos sonhos pessoais, o que não significa levantar a bandeira do egocentrismo. Muito pelo contrário, é o içamento da bandeira da autenticidade, compreendendo-se que só será possível fazer pelo outro aquilo que já estiver resolvido no próprio íntimo. É preciso primeiro construir bases sólidas para depois erguer um prédio de uso comum. Caso contrário, continuará o processo de sucateamento das relações humanas por não se acreditar mais nelas, pois se colocou o carro diante dos bois, o que não podia mesmo dar certo.

Essa circunstância não é algo que esteja preso e encerrado no momento de construção psíquica do processo de amadurecimento da adolescência. Quando um adulto alega que a causa de seus desajustes de hoje está no passado púbere ou pré-púbere, nega a complexidade da vida adulta. É claro que, se se procurar as causas, elas seguramente serão encontradas, mas não necessariamente é possível estabelecer essa relação causal direta. A relação existe, mas não explica os problemas de hoje, uma vez que a relação dual causa-efeito é muito limitada. Diferentes causas podem originar um mesmo efeito, assim como uma única causa pode gerar efeitos completamente diferentes.

Tentar buscar respostas para os descontentamentos é uma conduta mais do que usual. E a resposta mais fácil está em culpar algo do passado, que portanto não pode mais ser alterado, ou culpar alguém, como os pais, que não souberam criar tão bem os filhos. É sedutor ver-se como vítima e culpar algo ou alguém por aquilo que não satisfaz.

A família é a matéria-prima, o que significa ser muito importante, mas não é tudo. É inverídica a hipótese de que a família ideal geraria filhos perfeitos, apesar de continuar uma incógnita saber o que leva um filho, e não outro, a desenvolver determinado sintoma. Dessa forma, ninguém é vítima da própria infância ou juventude. A infância é apenas a infância, assim como ocorre com a juventude ou qualquer outra fase da vida, não sendo em absoluto a fonte de todo o resto.

A ordenação cronológica não deve ser colocada no lugar de uma ordem de causação. Para entender determinado comportamento de hoje não basta resgatar a realidade que se viveu na infância, mas tecer uma malha atual cujos fios devem incluir, além dessas, as questões políticas, econômicas e sociais. Experiências do presente explicam tão bem quanto as do passado qualquer evento depressivo ou desesperado. Talvez seja tão duro lidar com a dificuldade de interagir com um mundo de verdade que é melhor atacar um mundo perdido no tempo passado. A questão é que ninguém é prisioneiro da infância.

TRANSFORMAÇÕES

Adolescência não é doença. É como gestação. Um período da vida criativo, prenhe de tudo quanto se possa imaginar, que acaba quando nasce o adulto. É uma fase da vida onde transformação é a palavra de ordem. Um espetáculo protagonizado por um ser em profundas e freqüentes modificações. Modificações essas, em sua grande maioria, não só visíveis como berrantes, às vezes literalmente. Porém, muitas das mudanças ocorrem de maneira tão silenciosa que só serão perceptíveis quando tudo já tiver terminado. Mas ainda assim se tem a oportunidade de presenciar um legítimo processo de crise existencial.

Assim como ocorre com os alimentos, que, por mais bonitos e bem elaborados que estejam, devem ser destruídos pela mastigação e posterior digestão para ser aproveitados pelo corpo físico, pode-se traçar o mesmo paralelo para a alimentação emocional. Para a formação de uma personalidade saudável, alguns processos de destruição de compostos maiores em seus elementos constituintes terão lugar, como se dá com a contraposição, a transgressão, a provocação, a discussão, o choque de idéias e tantos outros desencontros. Por meio de processos de metabolismo psíquico serão absorvidos os elementos essenciais destes para a sobrevivência do ser em transformação e descartados aqueles que no momento não se mostram úteis ou necessários.

Conforme mencionado anteriormente, não se trata de uma doença, mas é perfeitamente lícito falar em cura. Cura não significa apenas o tratamento ou restabelecimento da saúde, mas popularmente é utilizada como termo genérico para o ato de preparar ou melhorar algo. Um exemplo disso são os conhecidos queijos ou carnes curados, ou seja, maturados, preparados para determinado fim.

Nesse sentido, um adolescente pode não estar doente, mas está em processo de cura, de maturação. Está vivendo um período de transição progressiva que vai da infância à vida adulta, sem limites muito marcados de onde termina uma etapa e começa a outra.

Muitos autores estabelecem a equivalência da adolescência com a puberdade e o ciclo fisiológico de alterações que culminarão na maturidade reprodutiva. Isso, porém, é parcial. Na verdade, é possível afirmar ser esse o início do processo marcado pela pubescência e suas transformações físicas e bioquímicas, mas essa deve ser caracterizada também quanto a seus inegáveis efeitos psicológicos e sociais. Tal fato ocorre não apenas nesse, mas em todos os processos de desenvolvimento, onde participam questões biológicas, psicológicas e sociais em sua origem e duração.

De acordo com a Organização Mundial de Saúde, a saúde é um estado de completo bem-estar físico, mental e social, e não meramente a ausência de doenças ou enfermidades. Apesar de sua amplitude, essa definição também merece críticas quanto ao aspecto estático que sugere, uma vez que saúde é vida e portanto também deve estar submetida à dimensão dinâmica do tempo e das transformações, sofrendo flutuações e desequilíbrios que participam de um contexto saudável, embora isoladamente pareça o contrário. As crises do ciclo vital, bem como uma certa dose de mal-estar, funcionam como o motor de arranque das transformações pelas quais todos devemos passar durante o processo de amadurecimento. Com isso, fica explicitado não o masoquismo, que não tem nada a ver com isso, mas sim o aspecto ambivalente do estresse.

Entende-se por estresse todo desequilíbrio provocado em um organismo, em resposta a influências principalmente de origem ambiental que levam uma ou mais variáveis de um organismo a funcionar de modo forçado em seu limite, afetando o desempenho do organismo como um todo. O estresse, entretanto, não resulta exclusivamente de experiências negativas, podendo haver situações positivas ou alegres que demandam adaptações rápidas e profundas de um organismo e também geram com isso um processo de estresse. Mudanças de ritmo de vida, de local, de habitação, de emprego, de estado civil, entre outras, dão origem a demandas adaptativas e, portanto, ao estresse. A adolescência, como período de transição vital, seguramente é a fonte geradora de um estresse que parece sem fim, mas culminará em um adulto.

Se, por um lado, o estresse produz sensações desagradáveis e o imperativo do desenvolvimento de mecanismos adaptativos para neutralizá-lo, por outro é também a força motriz das transformações. Caso se retornasse ao mesmo ponto de onde se partiu, uma vez findado o período de estresse, não haveria progresso individual nem, muito provavelmente, a evolução da espécie. Dessa forma, é possível afirmar que o amadurecimento se processa justamente no manejo dos desequilíbrios.

Após a superação de momentos de estresse aumentado, verifica-se não um retorno ao estado de equilíbrio anterior ao evento, mas uma melhora significativa na vida como um todo, devido ao aprendizado que a situação proporcionou e à sensação de estar mais bem preparado para a próxima eventualidade semelhante, o que representa um enfoque bastante otimista da concepção de problemas como desafios. Mas essa é a forma de ver do adolescente, por isso existem muitos choques de idéias com membros de gerações mais velhas. O que muda basicamente é a forma de pensar característica do estágio de vida em que cada um se encontra.

O adolescente não pode ser convertido magicamente de menino em adulto. Criar um adolescente demanda determinados posicionamentos do adulto que devem ser encarados como um investimento nesse jovem. Investir em educação não significa apenas pagar por um bom colégio. Quer dizer investir em tempo, afeto, tolerância, diplomacia, informação e, muitas vezes, também em auxílio profissional. O exercício da intimidade deve ser valorizado e reforçado através de conversas informais, ou mesmo técnicas, sobre os assuntos de interesse do jovem. Nesses momentos inocentes de descontração está ocorrendo, no mínimo, a observação mútua de reconhecimento em que o silêncio ou a racionalização podem exercer a delicada função de evitar a verbalização direta de conflitos ainda não resolvidos.

A elaboração dos problemas requer não apenas muito diálogo, mas também o tempo livre para a necessária ruminação e revisão de tudo o que foi dito. Em outras palavras, significa dizer que o silêncio também ocupa um lugar importante na comunicação humana.

A comunicação do adolescente pode parecer incongruente — pois é composta basicamente de prolongados silêncios, dialetos restritos a seu gueto e termos técnicos de alguma área de conhecimento como esporte, informática e música —, ao mesmo tempo em que ele pede compreensão e aceitação. Esse tipo de conduta vem muito da batalha interna que se estabelece entre o antigo e o novo. Entre um saudosismo infantil, da fantasia de pertencer ao outro maior, um adulto que o entende plenamente, restaurando o equilíbrio narcísico perdido, e a perspectiva de dominar o mundo através do conhecimento. Por isso não se deve "adultificar" o adolescente esperando que ele assuma de pronto uma postura coerente e definitiva. Mesmo porque, muitas vezes, fica difícil saber do que ele está falando, ou do que não está falando (mas ocultando), e mais ainda saber se está escutando o que lhe é dito. Na verdade, ele questiona a vida com todo o seu ser, e não apenas através das palavras, uma vez que o predomínio do raciocínio concreto ainda não permite uma adequada simbolização de questões de ordem mais abstrata, como é o âmbito do emocional.

O jovem acaba de abandonar a infância e a segurança de viver eternamente no tempo presente, sem ter ainda assimilado por completo sua dimensão cronológica, o que vem naturalmente associado a uma renovada capacidade de fantasiar, anabolizada pelos sonhos de onipotência. Não se pode esperar outra coisa que não uma exagerada coragem para enfrentar desafios, de fazer estremecer qualquer genitor mais preocupado.

É o caso da irrupção repentina de sensações altamente sexualizadas, que eclodem após a tranqüilidade sexual do período de latência do desenvolvimento psíquico da criança. Diante da enxurrada de estímulos, que vem regada por um inebriante coquetel de hormônios, o jovem terá a oportunidade, para não dizer a urgência, de aprender e exercitar a capacidade de controlar e direcionar sua energia e necessidades sexuais, fundamentais para a vida adulta em comunidade. O processo todo é altamente estressante, principalmente em nível emocional, e dá abertura ao surgimento de um vasto leque de comportamentos possíveis que variam de atitudes que visam francamente reduzir a ansiedade gerada pela emergência sexual, como a evitação do sexo oposto e confissões platônicas em diários, até seu oposto. Isso tudo terá um valor e um peso específicos, de acordo com a cultura de uma sociedade ou de um lar.

Porém, as alterações que irão se processar durante esse período de desenvolvimento localizado predominantemente durante a segunda década de vida vão muito além das áreas de relacionamento sexual. São mudanças no corpo, mas também além dele, abarcando questões referentes a raciocínio abstrato, orientação ocupacional, desenvolvimento de um conjunto maduro de valores e responsabilidades na gestão da própria vida, além da ruptura ou do afrouxamento dos apertados laços parentais, apenas para citar algumas. Em certo sentido, essas mudanças definem por si a adolescência e representam as principais áreas onde ocorrerão adaptações para um satisfatório desenvolvimento psicológico e pragmático futuro. Sem dúvida alguma, trata-se de um momento crítico, de profunda tensão psicológica, cujos resultados, em sua grande maioria, só serão visíveis num futuro não muito distante. A apreensão e a ansiedade são, em muito, o resultado do contato recente com novas idéias, conceitos, valores, sensações, diferenças pessoais, responsabilidades e experiências que não haviam sido despertadas até a infância e agora o auxiliam a construir uma imagem de mundo interno e externo e, a partir disso, traçar planos e metas futuros.

Toda essa tensão fica amplificada quando se considera a ausência de um contexto definido, por ser esta uma sociedade que possui regras e papéis muito definidos para as crianças e para os adultos, o que não ocorre com muita clareza para os adolescentes. Às vezes, ele é tratado como criança. Noutras, espera-se dele o comportamento de um adulto. O resultado é o aumento da insegurança natural, que poderá se manifestar das mais variadas maneiras.

A sociedade poderá ser encarada como geradora de frustração de importantes necessidades como sexo e desejo de independência, o que pode desencadear agressividade ou outras reações deslocadas, a maioria com o intuito de desafiar essa mesma sociedade.

Mas já é possível perceber quanto o adolescente tem pressa de amadurecer ou de pelo menos desenvolver um contorno, um perfil para sua personalidade em que ele se reconheça e possa sentir-se seguro de enfrentar a vida e seus desafios adultos. Ele anseia ser o que ainda não é, sem ter de passar pelo necessário período de indefinição, que é o da mudança de um estágio para outro. Ele treina assinatura, treina beijos e expressões faciais no espelho, fala sozinho, enfim, busca se reconhecer e ainda acredita que pode ter algum controle sobre seu futuro. Por isso, treina à exaustão.

O adolescente não sabe como vai ficar quando terminar seu processo de crescimento, mas gostaria de escolher. Por isso, tenta se moldar a modelos fornecidos aqui ou ali, principalmente àqueles gerados pela mídia. Porém, quando o relacionamento é com a mídia, é a ela a quem se tem de satisfazer, o que representa um trabalho de hércules, e não humano. A mídia vive do rodízio instantâneo de modelos e tendências. Sua proposta é lançar moda, e não estabelecer-se. Aí cabe então questionar com quem se está relacionando ou, pelo menos, qual é o lugar que se ocupa numa relação. Com que olhos alguém se vê ? Com os seus ou com os da mídia?

ESTÁ NA CARA

Desde os gregos, várias tendências e estilos estéticos e artísticos, bem como suas conjeturas teóricas, se alternaram no tempo. Atualmente, um novo fenômeno se configura, modificando radicalmente o referencial de avaliação estética. Os espelhos foram substituídos pelos monitores de televisão. Um dos resultados imediatos disso é o sentimento de inadequação que emperra a possibilidade de satisfação na interação social. A timidez passa a ser impeditiva de vários comportamentos sociais. São os sentimentos de desajuste estético que mais paralisam os jovens, anulando as possibilidades de vivência da subjetividade ou mesmo mascarando sentimentos de inadequação de outra ordem que transcendem o reduto corporal. Por exemplo, seria aparentemente mais fácil uma garota reclamar que não consegue um namorado por estar gordinha do que enfrentar sua dificuldade em se relacionar, superar constrangimentos, lidar com situações novas e estressantes ou o que o valha.

O corpo muda rapidamente, na forma e no tamanho, para ambos os sexos, tornando óbvias as diferenças antes apenas insinuadas. Embora esses processos de amadurecimento físico sejam universais, as mudanças são absolutamente individuais, dando lugar a características de diferenciação, e não de massificação. Muitas dessas transformações, por mais que tendam a ser disfarçadas por adolescentes de ambos os sexos, ainda inseguros com sua nova condição não só física mas estética, estão literalmente na cara. É o caso das acnes e espinhas.

"Acne" vem do grego *akhne* e significa erupção no rosto. Na verdade, as erupções não estão apenas no rosto, mas em todo o corpo e na alma também. A acne juvenil começa na época da puberdade, estimulada pela invasão de hormônios sexuais, mas também pela premência de liberdade do jovem. Nessa idade, ele começa a querer se separar dos pais, comprovando sua competência em administrar a própria vida. Isso é feito à custa de grandes atos, que reforçam sua postura moral, e também através de pequenas e constantes transgressões, dentre as quais merecem destaque aquelas de ordem alimentar. Durante a contínua construção do conceito interno de liberdade, o jovem se utiliza da própria rotina para incorporar, de forma mais concreta, conceitos tão abstratos quanto esse. Assim, a alimentação desregrada, em horários aleatórios, compostas principalmente de tudo o que é proibido, como frituras, salgadinhos, doces e chocolates, são a gasolina azul no processo de formação de espinhas e outras erupções cutâneas. Os hormônios sexuais isoladamente não produzem o estrago que costuma ocorrer quando o combustível é adicionado à mistura explosiva. Cabe lembrar que a palavra "hormônio" vem do grego *hormon*, que significa despertar, agitar, colocar em movimento. Outros fatores como predisposição genética, estresse, hábitos de higiene e padrões culturais não devem ser desconsiderados na composição desse quadro.

Além das mudanças visíveis, nas alterações físicas do corpo, e das não tão visíveis, mas assim mesmo evidentes, como as alterações de comportamento, existem ainda, pelo menos para os rapazes, as alterações audíveis. As mudanças de timbre de voz nos garotos são tão angustiantes quanto o aparecimento de mamas nas garotas, devido à sua evidência. Não dá para esconder e é muito difícil disfarçá-las, apesar dos extraordinários esforços de alguns adolescentes. A questão toma importância maior, uma vez que a voz não é apenas um veículo de comunicação mas um componente de construção da identidade por meio do qual o rapaz passa a ser reconhecido em seu grupo.

É extremamente desconcertante para algumas crianças, cujos ciclos hormonais começaram mais tardiamente, verificar o desenvolvimento físico precoce de seus colegas de classe ou de bairro. Porém, com o tempo, os estágios tendem a se igualar, minimizando, se não anulando, as diferenças de estágio de maturidade.

MALES DO MUNDO

Infelizmente, a sociedade dispõe de recursos escusos para fomentar ainda mais a insatisfação pessoal, funcionando como verdadeiros botões mágicos que ao ser pressionados modificam toda a paisagem exterior.

Um exemplo típico são os esteróides anabolizantes, hormônios masculinos produzidos artificialmente e utilizados por muitos adolescentes em academias de ginástica para expandir, de forma extremamente rápida e eficaz, a massa muscular. É o culto ao corpo através da manipulação química.

Esses hormônios, fórmulas farmacêuticas vendidas em farmácias e drogarias, têm uso medicamentoso adequado ao receituário médico, prestam-se a tratar uma série de patologias específicas e servem principalmente para a reposição hormonal em homens que sofrem de déficit de testosterona.

O problema reside no verdadeiro contrabando, principalmente de fórmulas importadas, vendidas ilegalmente no comércio negro, para finalidades estéticas ou desportivas, sem o devido acompanhamento médico e nutricional.

A legislação antidoping vem fazendo um trabalho de auxílio no esclarecimento dos malefícios provocados por esse tipo de automedicação, desde que proibiu o uso de testosterona natural ou sintética, além de outras drogas, como forma de dopagem em competições desportivas. Seria um contra-senso premiar e divulgar a imagem produzida por substâncias que cobram um altíssimo preço pelos questionáveis benefícios que produzem. Mas o problema não está restrito aos atletas, atingindo indiscriminadamente jovens de ambos os sexos em busca de um padrão estético determinado por seu grupo social.

O primeiro aspecto a ser considerado sobre os efeitos dos anabolizantes sobre o organismo é que eles viciam como uma droga. Os efeitos imediatos da testosterona no organismo são muito parecidos com aqueles produzidos pela cocaína, atuando como um poderoso estimulante, de maior duração, por se tratar de um hormônio. O abuso de anabolizantes pode causar variações de humor que oscilam da depressão clínica a episódios de violência descontrolada.

O segundo aspecto diz respeito aos supostos efeitos benéficos da produção de proteínas musculares em grande quantidade num curto espaço de tempo. Isso é muito relativo, uma vez que o que se alcança é uma hipertrofia muscular, que regride rapidamente caso não seja mantida a rotina de exercícios e alimentação reforçada em proteínas. Só que as lesões provocadas pelo excesso de esforço nos exercícios de musculação a que é submetido o sistema musculoesquelético não regridem tão rápido assim e algumas podem se tornar permanentes, como os tão comuns problemas em articulações.

Os indiscutíveis malefícios, infelizmente inexoráveis, terão uma aparição em geral tardia, produzindo a falsa idéia de que se pode continuar o uso pela ausência de efeitos indesejáveis. Não é possível dizer que se interrompe o uso quando começar a fazer mal, pois desde a primeira dosagem já se está produzindo um desequilíbrio na sintonia endócrina fina do organismo. Os sintomas podem demorar anos ou até décadas para surgir, mas, quando começarem a se manifestar, pode já ser o começo do fim.

Os problemas futuros que aguardam esses jovens na vida adulta são inúmeros e incluem severos efeitos adversos sobre o aparelho reprodutor, por se tratar de um hormônio sexual. Entre os principais sintomas que ocorrem com o sexo feminino estão as disfunções menstruais e ovulatórias, hirsutismo (crescimento de pêlos), engrossamento da voz, aumento no tamanho do clitóris e câncer de útero. Com o sexo masculino pode haver significativa redução da libido ou da virilidade e da produção dos espermatozóides, atrofia dos testículos, além da ginecomastia (aparecimento de mamas) e aumento da próstata. Dependendo da idade em que se começa a administração dessas substâncias, pode-se verificar uma parada no crescimento ósseo, configurando o quadro conhecido de baixinhos musculosos.

Porém, em ambos os sexos, outros órgãos vitais são diretamente afetados, compondo quadros patológicos de maior gravidade e até levando ao óbito. São eles câncer de fígado, problemas renais e digestivos e a facilitação para ataques cardíacos fulminantes, muito freqüentes e veiculados fartamente na mídia. Há ainda os problemas de pele oleosa e acnéica, calvície, aumento do colesterol, edema, halitose, insônia, cãimbras, cefaléia e agressividade.

Para avaliar os efeitos potenciais dessas substâncias, devem ser pesquisadas diversas variáveis, como o tipo de droga utilizada, em que quantidade e por quanto tempo foi administrada, a idade do início de consumo, o aporte protéico fornecido, a quantidade e a qualidade de exercícios realizados, entre outras.

Tudo isso pode não significar aparentemente nada para um jovem que diz não se importar em morrer mais cedo. Ele alega estar indo atrás de qualidade e não de quantidade de vida, sem entender que o conceito de qualidade não combina com sofrimento, limitação e doença.

A questão do doping é muito anterior às gerações atuais e ultrapassa a seara das competições desportivas, podendo-se citar o exemplo histórico dos camponeses incas que mascavam folhas de coca para suportar os elevados esforços físicos, sob as condições adversas das grandes altitudes dos Andes, ou o uso de efedra pelos chineses, planta da qual se originou a efedrina, outro conhecido estimulante, atualmente resgatado como aditivo energético em academias de ginástica e casas noturnas. Passado e presente se encontram com demandas similares em culturas distantes.

As drogas estimulantes e anabolizantes existem e progridem, pois há um mercado crescente para elas. A diferença é que as drogas tradicionais, em sua forma mais natural, vêm dando lugar às similares sintéticas, mais poderosas e perigosas.

Os negócios da aparência física e do prazer são muito atraentes e lucrativos. Vende-se não uma droga, mas uma promessa de estar na moda, de ter prestígio, dinheiro, medalhas, sucesso, admiração, aceitação social e sexo de forma mais fácil. Levantam-se as bandeiras do imediatismo e da auto-estima, com uma confusão evidente quanto ao conceito desta última.

AUTO-ESTIMA

A auto-estima não corresponde apenas à satisfação pessoal com a aparência física e a repercussão social alcançada com ela. Essa é uma distorção na qual o que mais se valoriza é a aparência, aquilo que se mostra, o que está fora. A reversão dessa posição deslocada será possibilitada por um trabalho voltado para a valorização do que está dentro, do que se é, pois isso é auto-estima.

Quando a auto-estima vem casada com um intenso desejo de aprovação alheia, são fermentadas modificações adaptativas à ordem social que paradoxalmente podem ser desadaptativas do ponto de vista da natureza humana. Tão ampla é a necessidade de aprovação externa e tão profundo o efeito da insegurança trazida pela incerteza dessa aprovação que o adolescente pode ser levado a extremos perniciosos que transformam, muitas vezes, a diversão em envenenamento, o que não tem nenhuma relação com a inteligência formal, que poderá estar eclipsada e submetida a fatores emocionais pungentes, conscientes ou não. Tem a ver com a personalidade, que é a síntese de todos os atributos psicológicos individuais em uma organização dinâmica e de interação com o meio, que sofre intensos abalos e modificações durante o período da adolescência.

Em seu processo de crescimento, a cada nova descoberta que o adolescente faz, há uma perda envolvida. Ele perde o Papai Noel, o coelhinho da Páscoa, o nascimento pela cegonha, o sexo das abelhinhas, as brincadeiras de roda, os lápis de cera, os balões. Mas ganha uma ampliação do entendimento do mundo real. Ganha o engajamento político, direitos e deveres cíveis, descobre o prazer em seu corpo e no corpo do outro. Surpreende-se diante da descoberta do sexo, da culpa, do poder das palavras. A bolha da infância que o continha estourou. A estrada reta tornou-se uma encruzilhada. Agora ele terá de escolher seu caminho.

Existe, porém, algo que o adolescente não deveria perder nunca. Mais do que isso, deveria ser extensivamente estimulado em casa, na escola, nos locais públicos, em toda parte, que é a arte. A expressão artística que existia na infância não deve de modo algum desaparecer, mas crescer junto com o indivíduo, acompanhando-o se possível até quando as limitações da idade avançada o permitirem.

A arte, assim como o esporte, representa uma excelente forma de canalizar o excedente de energia sexual, transformando-a em um recurso extremamente útil para os jovens que ainda não aprenderam a controlar seus impulsos sexuais. Tais práticas são salutares não só para o jovem, mas estendem seus benefícios a todo o ambiente ao seu redor por trazer saúde, beleza e harmonia, além de auxiliar a diminuir a ansiedade, melhorando a qualidade dos relacionamentos e conseqüentemente a auto-estima.

PEDRAS NO CAMINHO

Infelizmente, nesse momento tão delicado e fundamental para o desenvolvimento da personalidade, o jovem tende a sentir-se só. O sistema individualista e competitivo em que vivemos o afasta de possibilidades preciosas de crescimento através da troca de experiências com quem já passou por isso. Os pais e os educadores, na maioria das vezes, encontram-se às voltas com as próprias questões, que envolvem o estresse e a falta de tempo, e podem não estar disponíveis para fornecer subsídios para identificação e integração. Essa falta de disponibilidade é um reflexo de adolescências passadas também malvividas, que não comportam a revivência evocada pelo processo similar de quem está próximo. As demandas de recordação e revivência de experiências emocionais não-satisfatórias bloqueiam a manifestação livre da solidariedade nesses momentos de transição. A desculpa utilizada é a preocupação com o futuro, com os estudos, com o mercado de trabalho, enfim, com uma satisfação que só pode ser encontrada no futuro. A mensagem implícita é: "Esqueça essa coisa de adolescência, porque ela passa, e você tem que se preocupar com o seu futuro".

Só que o jovem está sofrendo hoje, está se sentindo sozinho agora e tem medo neste exato momento. Negar isso é desrespeitar um ciclo natural de evolução. Não pensar nas coisas, negálas, não as faz desaparecer nem diminui a dor que provocam. Com relação ao corpo físico, a natureza se encarrega de fazê-lo crescer e se desenvolver corretamente. A parte intelectual geralmente recebe toda a atenção dos pais e educadores, preocupados com a adequação do jovem às necessidades da sociedade atual. Mas do desenvolvimento emocional quem cuida? Se o lado afetivo não receber cuidados, esse jovem pode não alcançar uma compreensão elaborada do que seja crescer em comunidade, tornar-se adulto, ser independente, colaborar, amar e vir a ter filhos também.

Tornar-se adolescente significa, portanto, não só amadurecer fisicamente e ser responsável por seus atos, mas envolve também um mundo onde o prazer e a excitação acabam misturados com a confusão e a frustração.

Todas as civilizações conhecidas celebram a puberdade, com todas as suas transformações, de alguma forma. Os ritos de passagem eram o momento em que se institucionalizava a formação de pessoas melhores. A velha frase de que as crianças de hoje são os adultos de amanhã é a mais pura verdade. É preciso investir na humanidade. Deve-se acreditar que a próxima safra sempre será melhor que a anterior, mas antes de tudo temos de fornecer condições para que isso aconteça.

A participação em religiões ou clubes recreativos pode proporcionar a possibilidade de se efetivarem versões reduzidas e atualizadas de antigos rituais que contextualizarão as transformações que as pessoas vêm sofrendo, pois a grande maioria das organizações familiares e educacionais de hoje infelizmente não dá conta dessa necessidade psicológica. Seria o caso de repensar a forma como os adultos recebem, literalmente sem cerimônia, esses jovens em seu mundo.

A iniciação é um momento crucial de aprendizagem de vida, de passagem de estágio, de crescimento, de início de um novo ciclo de amadurecimento. Os rituais são cerimônias que fazem a passagem de um ciclo evolutivo para outro, marcando aquele momento não só no tempo, mas principalmente na mente de quem o vive. É o início de uma nova etapa de vida, quando se abandonam atitudes e idéias que já não servem mais e se abraça uma nova etapa, com suas demandas, compromissos, questionamentos e possibilidades. Assim como na travessia de um rio, a travessia de um momento marcante de vida pede que se saia encharcado do mergulho feito. E, se possível, que na outra margem já esperem pessoas queridas com uma toalha felpuda e uma faixa de boas-vindas. Deve haver a celebração, esse ritual humano de reconhecimento da alegria e glória de um semelhante. Tem de haver cuidado, preparo, resguardo e celebração. Isso é ser humano.

Formas diferentes de pensar começam a ser construídas no contato com a realidade. O jovem salta de um extremo a outro com enorme facilidade, denotando mais do que plasticidade, mas a ausência da definição da forma. Ele vai da impulsividade, do pensamento concreto, centrado na ação, diretamente para o pensamento abstrato, messiânico, de um grande projeto para salvar a humanidade com uma grande descoberta científica.

Questões de religiosidade exacerbada podem também aparecer através de seus extremos, quais sejam a postura de um ateu radical ou de um místico fervoroso, o que na verdade pode estar ocultando defesas contra a sexualidade ainda muito ameaçadora, dúvidas sobre a vida ou questões de identidade. O tempo então parece ser de borracha. No jogo do estica-e-puxa, os adolescentes podem reclamar que o tempo é infinito e não o vêem passar, ou reagem através do imediatismo de resultados, ou de mudanças instantâneas de pontos de vista e objetivos, o que inevitavelmente levará a oscilações de humor, dificultando ainda mais o relacionamento familiar e social.

O mundo emocional tem seus ritmos próprios, particulares e intransferíveis. A informática, a enchente informacional, a sexualização precoce, o distanciamento entre pais e filhos, a queda dos valores religiosos e o surgimento de uma nova moral pedem o nascimento de uma nova espécie de ser humano. Mas isso requer mais tempo para ser alcançado do que se necessitou para demandar. A adaptação pede tempo, uma vez que a natureza não dá saltos. Não se pode negar a natureza biológica e psicológica do homem, apesar do jorro de *bits* e *bytes*. Os antigos ritos de passagem da infância e da adolescência se encarregavam de humanizar os períodos de transformação durante épocas hostis. Partindo-se de um extremo de hostilidade, aportou-se em outro, que é a escravidão ao conforto, à praticidade, à rapidez. Conquistas que, em vez de libertar, acorrentaram ainda mais as pessoas ao mundo a seu redor. Cabe então a luta pelo resgate do ser humano. Essa é a luta do adolescente.

Aquilo que foi alinhavado desde o início, sobre a necessidade de tratar a adolescência a partir de uma perspectiva mais ampla, mostrou-se verdadeiro. Uma abordagem eminentemente biológica do processo de maturação do jovem é restritiva por explicitar apenas uma de suas facetas, apresentando utilidade didática nas salas de aula. A dimensão orgânica do desenvolvimento humano possui certa universalidade de manifestações, repetindo um padrão comum. Falar disso é, portanto, chover no molhado. Mas, quando a idéia é se embrenhar por veredas mais abstratas, como o universo emocional ou social, onde seguramente o jovem se encontra imerso, não há limite nem previsibilidade possível. Assim, mais importante que o caminho passa a ser o caminhar.

Sexualidade – Descoberta e Encoberta

Onde queres família, sou maluco
E onde queres romântico, burguês
Onde queres Leblon, sou Pernambuco
E onde queres eunuco, garanhão
Onde queres o sim e o não, talvez
E onde vês, eu não vislumbro razão
Onde o queres o lobo, eu sou o irmão
E onde queres cowboy, eu sou chinês.

O QUERERES
Caetano Veloso

Durante muito tempo, acreditou-se que a sexualidade tinha início na adolescência. Somente no princípio do século passado, através dos avanços psicanalíticos, constatou-se que seu início estava na infância mesmo.

A sexualidade infantil é caótica e desorganizada e se manifesta de diversas formas, mas de maneira totalmente distinta daquela característica do adulto. Não se deve simplesmente transpor o modelo de uma realidade para outra sem que se façam os devidos ajustes e ressalvas.

Após o nascimento, tanto os meninos quanto as meninas possuem todo o equipamento neurofisiológico necessário para a resposta sexual, apesar de o sistema reprodutor não se encontrar em estágio funcional. Interesses, comportamentos e respostas sexuais são observados com freqüência na maioria das crianças, da infância em diante. Meninos recém-nascidos apresentam ereções penianas e bebês de ambos os sexos parecem apresentar algum prazer com a estimulação genital, pois a criança humana nasce com a habilidade de responder sexualmente à estimulação tátil. Porém, pode-se verificar, com muita facilidade, a erotização não só de todo o seu corpo como também do ambiente à sua volta como zona estendida de prazer. O desenvolvimento da criança ocorrerá, portanto, no sentido de reduzir progressivamente a amplitude dessas áreas, deserotizando o ambiente externo e focalizando a zona genital como alvo erótico da vida adulta, o que culmina com a busca de um objeto sexual alheio, ou seja, com a procura de um parceiro sexual.

Na infância, o impulso sexual está presente, porém desprovido da dimensão genital reprodutora específica da sexualidade adulta, caracterizando uma fase pré-genital do desenvolvimento psicossexual. Na puberdade, atrelada à inauguração dos hormônios sexuais, encontra-se a genitalização do impulso sexual, o que completa o ciclo de desenvolvimento físico do aparelho reprodutor. Então a sexualidade geral e difusa da criança começa, na adolescência, a ser elaborada psicologicamente e evolui, pois já adquiriu o contorno corporal próprio da configuração adulta. Ela é diferenciada e torna-se específica, portanto individual. Uma marca pessoal, que funcionará como atrativo para uma outra pessoa que busca de forma consciente ou não aquele padrão de resposta sexual inserido em um contexto determinado.

EDUCAÇÃO SEXUAL

Paralelamente ao processo biológico proporcionado pela natureza, existem as condições fornecidas pelo aprendizado advindas da observação e interação com a família e a sociedade. De forma gradual, os jovens aprenderão ou serão condicionados a responder aos estímulos, a interpretá-los como sexuais ou não-sexuais e a controlar, em certa medida, suas respostas a eles.

Muito do que é aprendido sobre sexualidade durante a infância, como papéis sexuais, comportamentos esperados ou repudiados, se dá em sua maioria por meio da comunicação indireta ou inconsciente. Os tabus e as proibições acabam sendo transmitidos muito mais através de caretas ou de uma linguagem corporal tensa e contraída dos adultos, que pretendem estabelecer um limite sem se comprometer com sua imposição de fato. Assim, a educação sexual começa na infância e se dá principalmente no sentido das negativas, ou seja, do que não fazer, do que não mostrar, do que não tocar, do que não falar, e assim por diante. Adultos com dificuldade em falar sobre sexo, mesmo no âmbito restrito do próprio casal, apresentarão a mesma dificuldade no trato dessas questões com os filhos, pela evidente falta de familiaridade com o tema.

O viés dessa postura reticente reside no fato de que não se resolve um confronto evitando-o e que a sexualidade já é por si só um estimulante natural da curiosidade. Não falar a seu respeito não resolve as inúmeras dúvidas e questionamentos que surgem concomitantemente às novidades que despontam no corpo do adolescente. Em vez disso, a abertura necessária para um diálogo franco é a condição primordial da educação sexual saudável para uma vida feliz.

No outro extremo do eixo das possibilidades de comportamentos diante da discussão sobre temas de sexualidade, existem os pais, que não apenas são excessivamente permissivos como também buscam a cumplicidade dos filhos para assuntos de competência exclusiva do casal. Uma superestimulação precoce pede mais do que o jovem é capaz de acompanhar, uma vez que ele mesmo está no período de buscar a cumplicidade e a audiência exaustiva dos colegas para seus problemas pessoais, que não são poucos, por não ter ainda desenvolvido a capacidade de suportar segredos, angústias, descobertas e outras questões complexas. Ouvir sobre a sexualidade dos próprios pais pode ser muito mais difícil para os filhos do que alguns pais imaginam. E isso não pode ser ignorado, mesmo que o jovem não explicite seu desconforto com a situação. Nessa fase em que ainda não se interiorizou a dimensão dos limites, não se pode esperar que o adolescente seja capaz de administrá-los sozinho.

Via de regra, os extremos são sempre perniciosos e atrofiam a possibilidade de encontro por meio de um diálogo que ensina não só pelo conteúdo que veicula mas também pela forma como o transmite. Uma certa ponderação na comunicação funciona inclusive como modelo de postura a ser assumida pelos jovens no manejo de impulsos como os sexuais.

A proposta mais saudável, portanto, passa a ser a abertura do diálogo, em que se diga claramente que há coisas importantes a dizer e outras importantes a preservar, mas sempre com uma explicação, se não lógica, pelo menos afetiva, fornecendo um contexto em que esse limite seja mantido sem se tornar uma ameaça. Tudo isso fará parte do conjunto de informações acumulado com os anos para dar contorno ao que virá um dia a ser o perfil sexual daquele indivíduo.

UMA NOVA REALIDADE

É a partir da puberdade que o impulso sexual ganha força e revela uma tonalidade que se aproxima muito mais do modelo adulto de manifestação da sexualidade. Para isso, necessita de cuidados para se desenvolver adequadamente, assim como uma planta precisa de terra fértil, clima adequado, sol, água e ar. Não basta ter uma semente de boa qualidade, se não se fornecerem também as condições apropriadas para sua germinação. É próprio da semente germinar, assim como também é próprio do aparelho reprodutor amadurecer na puberdade. Um terreno fértil, bem arejado, corresponde a um ambiente afetivo que propicie a livre expressão de idéias e sentimentos.

Nenhuma etapa da vida é ultrapassada absolutamente sem angústias. A adolescência, ao reorganizar biológica e psicologicamente a configuração sexual individual, resgatará angústias passadas na busca de uma solução mais satisfatória para elas. Porém, durante o período exploratório dessa nova configuração, características da genitalidade completa, como o prazer obtido na mutualidade e as responsabilidades concomitantes, permanecem ainda não totalmente integradas.

A puberdade, de modo diverso da adolescência, é um processo eminentemente orgânico e, portanto, conta com uma previsibilidade maior. É um processo comum da espécie, e não exclusivo do indivíduo. Assim, espera-se que as transformações corpóreas se prolonguem em média por um espaço de tempo de cerca de dois anos, durante os quais o aparelho reprodutor amadurece e as características sexuais secundárias surgem. A maioria das enormes variações encontradas entre o comportamento de diferentes pessoas em relação à sexualidade será devida principalmente às questões de ordem psicológica e de aprendizado.

Na puberdade, o sexo deixa de ser uma possibilidade ou eventualidade para se tornar uma realidade, muitas vezes incômoda de início. Um ego imaturo, até bem pouco tempo infantil, passa a experimentar a ameaça vinda de duas diferentes fontes e luta para preservar sua estabilidade. A sexualidade passa a ser a protagonista nesse campo de batalhas. A primeira ameaça vem dos inúmeros novos estímulos provenientes do mundo externo, antes despercebidos e agora evidentes, com a correspondente necessidade de sair-se bem. A segunda representa a luta interior com os estímulos instintivos que se pretende controlar. Em face dessa nova situação, o jovem arma-se ora contra o inimigo externo, ora contra o perigo de origem interna.

No período da infância, o panorama era outro, pois havia a proteção dos pais para todas as ameaças do mundo. Até porque a criança não dispõe de mecanismos eficientes de defesa contra fontes de ameaça mais severas. A sensação de medo na infância é desesperadora, experimentada como algo desagradável e externada irruptivamente, o que evoca uma reação imediata e evidente por parte dos pais, que se mobilizam de pronto para dar auxílio e consolo.

Já na adolescência inaugura-se, entre tantos outros novos sentimentos, o fascínio pelo medo. Há uma nítida inversão, pois aquilo que sempre se evitou na infância passa a ter lugar privilegiado no cotidiano do jovem, o que não deixa de ser uma forma ensaiada da separação futura de seus pais. Ele descobre não só que o medo não impede a realização de determinadas intenções, como pode vir a ser um tempero interessante para atividades antes tediosas ou ainda estimular a busca de situações inusitadas. O primeiro beijo é um exemplo gostoso desses primeiros friozinhos na barriga, taquicardias e suores nas mãos, que continuam com a descoberta do prazer no próprio corpo e no contato íntimo com o corpo do outro. Os hormônios sexuais não são as únicas novidades químicas disponíveis, mas há também a liberação de grandes quantidades de neurotransmissores, entre os quais a adrenalina é a principal responsável pelas sensações que acompanham o medo e o suspense.

Descobre-se, nessa fase, que há coisas na vida que envolvem medo e se fazem com medo mesmo. Não há outro jeito, até que se acostume com a situação nova. Espera-se, porém, que com o tempo venha a noção de medida do medo, pois este, além de emocionante, pode também ser prejudicial quando se cristaliza em um de seus extremos, ou seja, a busca intensa e incessante das sensações físicas produzidas pela adrenalina ou as reações de paralisação ou fuga diante do menor sinal de medo ou risco.

PANORAMA EMOCIONAL

A enorme gama de surpresas e possibilidades advindas de seu processo de transformação acarretará no adolescente uma série de medos que, a princípio, ele não revela, pois não se sente à vontade para falar. Deve ainda vencer o próprio estranhamento e possuir laços afetivos realmente consistentes com os pais para suportar tão importantes revelações. Mas nem sempre ele falará com os pais a respeito de sexo e suas preocupações em relação a esse tema. Na maioria das vezes, o recurso utilizado será a troca de confissões e experiências com os colegas, buscando saber com os iguais como cada um está fazendo para lidar com temas espinhosos como masturbação e homossexualidade, apenas para citar dois exemplos. Eles não querem alguém que lhes diga o que fazer ou não, mas que os ajude a entender o que está se passando com eles e, acima de tudo, se é normal. Novas idéias e atitudes vêm à tona, e o adolescente não se acha preparado para muito do que começa a emergir de seu subconsciente.

Adolescentes que iniciam nessa fase comportamentos bizarros como lavar as mãos repetidas vezes ao dia, roer unhas, gaguejar, roubar compulsivamente objetos (cleptomania), apresentar tiques diversos ou outras manifestações compulsivas podem estar revelando, à sua maneira, uma série de coisas que vão em seu psiquismo, como uma forma explícita de lidar com medos, pudores, fobias e até repulsas, que podem ter origem inconsciente na sexualidade ou na agressividade. Um ato escondido e sub-reptício, como a cleptomania, em que se rouba por um impulso instantâneo, e não pela necessidade de consumo, é quase um ato reflexo. Uma energia inconsciente que passa da excitação para a descarga de forma muito parecida com o sexo, sem lidar diretamente com as questões sexuais.

O mesmo se pode dizer basicamente sobre os outros comportamentos que também visam atenuar os altos níveis de ansiedade e têm lugar nessa fase da vida. Configuram uma descarga emocional involuntária que exprime um afeto reprimido. A composição final dos sintomas será decorrente de uma combinação de fatores que vão desde a estrutura psicológica do jovem em questão, seus valores familiares, até a estimulação cultural fornecida pela mídia.

A mídia não produz inadequação, mas potencializa a progressão dos sintomas naqueles indivíduos que já apresentam alguma predisposição natural nesse sentido. O esperado, porém, é que esses comportamentos desapareçam independentemente da manutenção dos estímulos externos, devido ao processo de amadurecimento emocional.

Não raro, a puberdade, com toda a gama de transformações fisiológicas produzidas no organismo e o estresse resultante, passa a ser a grande catalisadora de uma série de distúrbios psiquiátricos, promovendo seu surgimento ou recrudescimento nesse período da vida. Surgem os mitos e as fantasias sobre maneiras absurdas de engravidar ou de adquirir doenças. É o reino do pensamento mágico, onde tudo o que acontece ou deixa de acontecer possui um respaldo sobrenatural único para aquele indivíduo em especial. Existe a certeza de que com ele não acontecerá nada de errado, pois ele não se permite sequer pensar a respeito. Se não entra em sua cabeça, em seus valores, não acontecerá. Com ele não.

Ledo engano. O não se "pré-ocupar" não só não protege como pode gerar muita "pós-ocupação". Ou ainda pode ocorrer o raciocínio contrário, acreditando ser ele o ímã que atrai tudo de pior para si como forma punitiva por seus maus atos ou pensamentos. Os dois opostos acabam se equivalendo no exagero e na inadequação, não estando longe de formações delirantes, que são alterações psíquicas na capacidade de julgamento.

Nada como uma boa conversa para aliviar tanto sofrimento e abrir o caminho para o exercício responsável e saudável de uma sexualidade consciente, sem tantos monstros e alienígenas, presentes nos tão apreciados filmes de terror que simbolizam os sentimentos instintivos fora de controle.

Mesmo assim, a ambivalência de sentimentos sexuais é uma realidade desse processo de descobertas. O jovem tenderá a oscilar entre repulsa e atração, mesmo que não chegue a manifestá-los abertamente em suas atitudes, pois esse é um momento em que parecer é a palavra de ordem, como forma de defesa psíquica. Não é possível assumir quem se é, se não se sabe quem se é e, portanto, não se sabe como sustentar isso, que corresponde à identidade psicológica e sexual de cada um.

UMA QUESTÃO DE GÊNERO

Até então, o adolescente não tinha claro o que significa ser de um ou de outro gênero. A partir de agora terá não só que entender como também de assumir uma identidade sexual.

Fazer uma escolha de papel sexual pode se tornar uma situação estimuladora de ansiedade para o jovem, cuja insegurança aumenta ainda mais devido ao alto nível de expectativas para que faça a melhor escolha. O fantasma da inadequação social ronda sua mente incessantemente. Mesmo hoje, apesar da maior liberdade de comunicação em nosso meio social, ainda se enfrentam as mesmas questões de outros tempos, na constituição da identidade sexual. Seguramente, percorrem-se novos caminhos por uma mapa completamente diferente, pois a realidade externa se modificou bastante. Mas a realidade interna leva muito mais tempo para se modificar, e pode-se dizer que os sentimentos, sensações e emoções ainda são os mesmos. Nossa espécie ainda não evoluiu tanto assim nesse setor.

Independentemente dos processos mentais e emocionais, da presença ou não de condições ambientais ideais, o organismo segue seu caminho instintivo, estabelecido desde séculos. Os ovários e os testículos começam a produzir quantidades enormes de hormônios sexuais, e os pêlos pubianos crescem visivelmente. São produzidos espermatozóides, e os óvulos tornam-se viáveis. Aumentam as mamas nas garotas e o ciclo menstrual se inicia. Os rapazes experimentam alterações na voz e a repentina aceleração do crescimento musculoesquelético. Com a puberdade, geralmente se encontra uma intensificação, ou mesmo a estréia, do genuíno interesse sexual. Inaugura-se a adolescência.

Nela, além das alterações fisiológicas internas, há uma significativa alteração do relevo e da topologia externa. O corpo físico toma novo aspecto, que vai configurar o primeiro grande passo na diferenciação nítida dos caracteres masculinos e femininos, apesar das diferenças já presentes desde a infância. Pode-se dizer que há uma amplificação dessas diferenças físicas que serão acompanhadas de sua contraparte psicológica. Essa diferenciação impulsionará a progressão da libido para a busca de um parceiro sexual real, de carne e osso, que o jovem possa ver e reconhecer, assim como ele pôde ver e reconhecer sua própria sexualidade quando ela também aflorou. A condição biológica de transformação do corpo impulsiona o despertar da pulsão sexual no sentido da organização adulta, voltada primordialmente para a reprodução.

A sexualidade não é apenas uma expressão do corpo físico, tampouco o resultado único e exclusivo do funcionamento glandular. Também o é, mas não apenas isso. É antes uma linguagem que será tanto mais humana quanto mais pessoal for, ou seja, quando se viabilizar a manifestação de um ser em sua totalidade: sua corporalidade, sua afetividade, sua espiritualidade, seus desejos e preferências. Pode ser até mesmo a releitura de uma metáfora para o enigma do amor e do relacionamento humano.

DO LAÇO FAMILIAR AO LAÇO SOCIAL

Toda cultura possui contextos ritualizados para determinadas situações importantes como a do ingresso na vida sexual. O jovem sai em busca de desafios e se depara com círculos de amizade que têm exigências muito rigorosas, às vezes até mais do que de seu próprio ambiente familiar. Isso pode gerar um conflito não só íntimo como também manifesto pela discordância entre a opinião da família e a do grupo de amigos.

Via de regra, os laços familiares são muito mais intensos do que outros laços produzidos durante a vida. Mas o adolescente ainda não tem consciência disso e fica perdido entre demandas diferentes — a do grupo familiar e a do grupo de pertença. Na maioria das vezes, o desajuste resultante desse padrão duplo de moralidade sexual consiste na expectativa de amigos que esperam que o jovem prove sua coragem e determinação desafiando a todos e iniciando-se sexualmente, em detrimento da orientação da família. No final, prevalecerá o lado cujos apelos falarem mais alto ao mundo emocional do jovem em questão.

Deve-se, no entanto, acrescentar a essa discussão um componente muito forte, que dará sabor característico ao caldeirão de sentimentos e sensações. É o caso do famoso complexo de Édipo, assim denominado por Sigmund Freud no começo do século passado, ou, mais popularmente falando, da questão do incesto.

As diferenças entre um adulto e uma criança são tão gritantes que não necessitam sequer de referência. No caso do adolescente, muitas vezes a situação de diferenciação não é tão clara. E, uma vez que exista o despertar de um desejo sexual nunca antes vivenciado pelo jovem, seria de esperar que ele fosse direcionado primeiramente às pessoas com quem tivesse maior intimidade e uma relação recíproca de afeto e compreensão. Seria, portanto, o caminho mais natural que o jovem lançasse seu recém-inaugurado desejo sexual às mesmas pessoas a quem ama desde a infância, ou seja, os pais. Contudo, a natureza psíquica se organizou de forma a deixar essa perspectiva originalmente apenas como uma possibilidade não realizada, pois existem recursos que auxiliam o jovem a afrouxar seus laços familiares no mesmo momento em que se vê às voltas com o desejo sexual. É a barreira ao incesto, fundamental para a organização da vida em comunidade.

Outro recurso extremamente eficaz no combate ao incesto é a representação do desejo na esfera da fantasia, do sonho, da idealização, que será amplamente explorada pelos jovens durante o processo de amadurecimento. É a fantasia por si, sem qualquer perspectiva de realização. Criam-se mundos e castelos, príncipes e princesas, em verdadeiros contos de fadas pós-modernos cujo objetivo é aplacar a angústia e permitir o exercício de vivenciar diversas possibilidades, diversos papéis distintos, porém restritos ao imaginário. Muitas dessas fantasias, ao emergir, são visivelmente de ordem infantil e permaneceram por longos períodos em latência até o momento em que o banho de hormônios e de desejos pudesse despertá-las. Por isso, não raro os protagonistas desses devaneios sexuais são os genitores ou professores do sexo oposto.

Esse sentimento não é algo que ocorra com tranqüilidade, pois é poderoso gerador de angústia, que deverá provocar o início dos comportamentos de franca oposição à autoridade adulta, principalmente a de origem paterna. Dessa forma, o adolescente estará trazendo para o relacionamento com os pais um conflito que, na verdade, teve palco exclusivamente em seu mundo psíquico, mas possui força suficiente não apenas para impulsionar o jovem a buscar um rompimento de fato das relações parentais, como também para mover a roda da vida, evitando assim o incesto e promovendo o progresso das gerações futuras e da cultura em geral.

Porém, nem todos os casos têm um final feliz. Alguns indivíduos possuem recursos internos mais débeis, não conseguindo fazer como os salmões, que em época de reprodução nadam contra a maré. Essas pessoas tenderão a desenvolver-se de forma incompleta no sentido da busca de seu parceiro sexual, permanecendo retidas na rede das relações parentais, persistindo num amor infantil idealizado que não consegue se opor à autoridade dos pais. Em outras palavras, não conseguem transformar uma relação vertical — hierárquica e de poder — com os pais numa relação horizontal — de parceria e de igualdade — com um parceiro.

Assim, é possível verificar quanto é fundamental um amadurecimento saudável da sexualidade para o desenvolvimento do ser humano como um todo, que necessita de canais abertos, amplas avenidas de duas mãos, para o diálogo e para o encontro. Não ser capaz de exercitar o amor sexual pode significar o reflexo da fixação da libido em estágios infantis do desenvolvimento, em que predomina a fantasia em detrimento da vida real. E isso não se dá de maneira isolada, mas dentro de um contexto constituído em uma ou mais relações significativas.

Portanto, o fato de os jovens buscarem, nessa fase de passagem, parceiros sexuais mais velhos faz parte do processo natural de experimentação e curiosidade e vai ao encontro da necessidade de canalizar algumas de suas fantasias.

REVISÃO PARA OS PAIS

O mesmo também pode ser dito quanto às não raras, porém transitórias, experiências homossexuais da adolescência. Muitos pais se perdem nesse momento delicado, não conseguindo disfarçar expectativas e receios. Quando um colega mais íntimo do jovem começa a freqüentar-lhe a casa e apresenta características sugestivas de conduta homossexual, pode gerar desconforto num lar não habituado ao diálogo e não informado a respeito não só da transitoriedade típica do período de experimentações já mencionado como também de que não existe o que se acostumou a ouvir como opção sexual. Fazemos várias opções na vida, e algumas com relação à nossa sexualidade. Mas existem coisas, como o desejo e a atração, que pertencem ao reino do inconsciente e não estão sujeitas à vontade consciente. O que determina a orientação hetero, bi ou homossexual de qualquer indivíduo pertence a uma esfera pessoal e, portanto, não passível de condicionamento contrário.

É preciso separar o comportamento observado da escolha definitiva de objeto sexual. Essa definição, não raro, será precedida de um período de experiências que, se não ocorrer naturalmente, aí sim poderá determinar desvios gerados pelo meio sobre uma estrutura vulnerável. A sexualidade faz parte do desenvolvimento integral da personalidade e envolve tanto ou mais emoção quanto qualquer outro aspecto do processo de amadurecimento.

Entretanto, as diferentes partes da personalidade não apresentam a mesma velocidade de desenvolvimento, e o adolescente sentirá necessidade de promover um processo integrativo em seu ser, pois ainda não está maduro o suficiente para administrar a intensidade emocional que se mobiliza por força da relação sexual. Por mais que seu corpo esteja preparado para o exercício do sexo, existe um aparelho psíquico imaturo, e a interpretação adequada da experiência sexual não está restrita ao domínio do corpo, mas vai além dele.

Se o filho busca apoio e encontra repreensão, com certeza tudo fica mais difícil, pois os jovens também têm inibições. Muitos pais tendem a acreditar que só eles estão constrangidos diante das questões suscitadas pelos filhos. Mas estes se sentem tão ou mais envergonhados que os pais, o que, na grande maioria das vezes, os leva a buscar respostas às suas perguntas fora de casa ou mesmo por meio do método da livre experimentação.

O jovem chega mais perto do pai e arrisca uma pergunta íntima. O pai responde: "Vamos ser amigos. Conte-me o que se passa com você". Como ser amigos se é só ele quem fala? Onde está a troca? Isso não significa que os pais devam dizer o que não querem. O que pertence à sua intimidade pode e deve permanecer inviolável, desde que o mesmo também seja permitido ao filho e dê lugar a algum outro tipo de permuta.

A troca de confidências não é a única forma de troca nesses momentos. Estar disponível afetivamente e proporcionar outro tipo de escuta da problemática trazida, que transcenda a mera curiosidade ou especulação temática, já é uma espécie de aproximação saudável e reflete um cuidado que estimula o diálogo e fortalece a auto-estima. A conversa franca é a moeda de toda relação cujo investimento rende lucro certo.

Tudo o que nos jovens incomoda os adultos e os convoca a criticá-los e a buscar corrigi-los pode ser o indício de questões mal resolvidas neles mesmos. Filhos são a oportunidade de uma revisão interna dos pais, mas nem sempre essa oportunidade vem no momento que estes escolhem. Motivados pelas próprias dificuldades ou limitações, os pais acabam contribuindo direta ou indiretamente para a construção de um modelo de identificação. Nesse sentido, a melhor forma de ter um panorama mais amplo e mais justo do que está se passando, não só em relação a questões sexuais mas a quaisquer outras, é o diálogo, a negociação, o implicar-se. Não se pode simplesmente dizer: "Não faça isso porque eu não quero" ou "Eu sei o que é melhor para você". E também não adianta ser criativo e ficar inventando nomes outros para aquilo que já tem nome. A genitália deve ser nomeada e qualificada por aquilo que realmente é, e não por substitutos que a minimizem ou até a transformem em algo sujo e pejorativo. É o caso de nomes de animais peçonhentos ou rastejantes, que estimulam o medo e o asco, como aranha e cobra, para substituir respectivamente os órgãos sexuais femininos e masculinos. Ou outros que os infantilizam e ridicularizam, como pombinha e pintinho, cuja validade expirou junto com o final da infância. Isso sem falar nos palavrões, que devem ser totalmente desestimulados. Só por curiosidade, cabe mencionar que o nome técnico para os palavrões ou obscenidades desse tipo é coprolalia, em que *copro* significa fezes. Pênis e vagina são os nomes corretos e devem ser utilizados, a não ser que se pretenda fazer algum tipo de brincadeira saudável, que é positiva no sentido de romper barreiras e distensionar climas menos amigáveis.

A idéia é dizer a verdade, o que se sente, se não agrada e por quê. Isso significa implicar-se e mostrar ao jovem o efeito que seus atos ou idéias podem produzir em outras pessoas. Implicar-se é diferente de ser implicante. Implicante é aquele que implica com o outro ou descarrega sua implicância no outro. O ato de implicar-se envolve um modelo de maturidade mais saudável, que estimula o relacionamento franco e a abertura entre ambas as partes. Assim o jovem terá condições de construir uma idéia muito mais próxima do que enfrentará no mundo afora, pois está tendo o que se chama de retorno de realidade, ou *feedback* (que significa retroalimentação em inglês).

COMUNICAÇÃO PARADOXAL

Até a infância, a mensagem, não só dos pais mas de toda a sociedade, a partir de determinada organização cultural para atitudes sexualizadas, era: "Não faça isso! Quando você crescer, vai entender e também poder fazer". Na adolescência, a mensagem geral, explícita ou não, passa a ser: "Seja popular. Seja sexualmente atraente. Mas abstenha-se da atividade sexual!"

Essa conduta paradoxal e francamente anti-sexual é mais intensa em relação às garotas, devido ao risco da gravidez precoce, principalmente por questões de ordem cultural, como o receio da exclusão social da garota e de sua família de origem.

Em relação aos garotos, a situação não é mais amena quando considerado outro temor constante nas mentes de muitos pais, o da homossexualidade. Fica a mensagem "Não faça isso, apesar de nós esperarmos que você faça", em relação à questão de não engravidar uma jovem precocemente. Os temores conscientes ou não dos pais acabam contaminando a relação que eles estabelecem com os filhos, o que produzirá uma linguagem imprecisa com mensagens dúbias que podem reforçar a insegurança e a ansiedade do jovem e promover uma leitura de pais que mentem, minando-lhe a confiança neles e alimentando o poder de fogo nas batalhas por independência. Essa aura de suspeita, hostilidade e ansiedade poderá contribuir para amornar as relações de confiança também entre os parceiros na nova família que vier a ser constituída futuramente pelo jovem em questão.

Quando as palavras perdem o valor, o discurso se torna vazio. Se não há espaço para a representação por meio da palavra, os conflitos tendem a ser resolvidos através dos atos não raro violentos. Por isso, é preciso que se instaure, quanto antes, uma arena verbal onde as palavras tenham espaço garantido e não se precise lançar mão de recursos mais extremados para ser notado e considerado e para que haja escoamento dessa energia emocional acumulada.

Numa leitura macrossocial, é possível observar que esse tipo de conduta está inserido no contexto vivido pela maioria das sociedades ocidentais, repletas de atitudes que obstaculizam o desenvolvimento de uma sexualidade sadia. Essas sociedades enfrentam o problema de reconciliar a necessidade de controlar o sexo com a de fornecer-lhe expressão adequada. Dessa forma, a mesma contradição observada num lar pode ser verificada a partir de outra esfera maior, repetindo-se de forma muito similar em outros lares. Prevalecerão as diferenças individuais, pois o que interessa não é apenas aquilo a que alguém está submetido, mas principalmente como cada um lidará individualmente com os diversos estímulos que recebe do meio, a partir dos recursos internos e externos que possui. Que arranjo cada um fará com os elementos de que dispõe.

Felizmente, isso parece estar mudando de uns tempos para cá, até porque muita coisa já vinha acontecendo, e os pais só descobriam bem mais tarde. Essa é a conseqüência direta daquele modelo anterior de regras que pareciam aleatórias, pois careciam de contexto. Muitos pais ficam no impasse entre ser liberais e austeros, se devem pôr ou não os limites, pois temem que limites sirvam apenas para que os jovens façam escondido o que foi proibido. É preciso exorcizar os erros do passado que marcaram a adolescência dos pais, para que eles possam viver esse processo novo e único, que é a relação franca e afetiva com o filho que está passando pela mesma crise que todos os adultos de hoje e de ontem já enfrentaram um dia. Em outras palavras, é preciso fazer as pazes com a própria adolescência, com o que ficou dela, para que seja possível a tolerância na lide com a adolescência do outro. O preconceito nada mais é do que a projeção de um desejo culposo sobre o outro.

A vivência da sexualidade deve ser encarada como subjetiva, como individual. O que foi para um não necessariamente o será para o outro. Por isso, a convivência é a arte de administrar as diferenças. Aceitar o outro como ele pode ser e não exigir algo impossível naquela história de vida.

Cada nova relação pede o estabelecimento de novas regras. Isso significa estar presente e acompanhar de perto o processo de desenvolvimento do jovem, com a proposta de revisão constante da situação atual e suas variáveis. O mundo do adolescente muda com uma velocidade muitas vezes difícil de ser acompanhada pelos adultos que lhe estão próximos. Por isso, certa dose de esforço será necessária também da parte do adulto, para que o jovem sinta uma sintonia verdadeira. Uma prova de amor em que ser amado pode significar ser compreendido.

A NECESSIDADE DE LIMITES

Essa é uma questão central na educação dos filhos, e não apenas no que diz respeito ao aspecto do desenvolvimento de uma ética sexual adulta. O ser humano não necessita apenas de acolhimento. Nesse processo de parceria será estabelecida uma necessidade fundamental a todo ser humano: a necessidade de limites. Não porque ele seja uma criatura primitiva, mas porque os limites são organizadores tanto externos quanto internos. Externos no sentido de sistematizar a vida em comunidade, estabelecendo regras e valores que permitirão a convivência harmônica entre seus integrantes. Isso o adolescente precisa aprender com os mais velhos, pois ainda não internalizou completamente as regras nem desenvolveu a consciência moral da vida em comunidade. Ele está apenas exercitando essa capacidade quando começa a se organizar em grupos de iguais ou mesmo quando contesta a ordem geral. E o limite constitui um organizador interno poderoso por promover a noção de cuidado, fundamental no sistema familiar, onde se espera que os mais capacitados forneçam os subsídios para o bem-estar e o desenvolvimento dos menos capacitados.

Além do aconchego emocional que o limite proporciona, há que considerar a diminuição da ansiedade gerada em alguém que ainda não sabe escolher, pois não se conhece direito, diante de uma infinidade de possibilidades. A capacidade de discernir o significado da palavra "ou" é uma conquista não muito precoce no percurso do desenvolvimento psíquico individual, pois até muitos adultos carregam ainda essa incapacidade de escolher algo em detrimento de outra possibilidade, muito provavelmente devido à carência do exercício adequado nos primeiros passos nessa direção. O perigo reside justamente na cristalização de determinadas atitudes ou conceitos que podem resultar tendenciosos e patológicos e em nada contribuem para uma vida melhor nem para o indivíduo nem para seu grupo social.

Mas como um jovem poderá aprender a respeitar o desejo e os sentimentos dos outros se os dele foram negados ou desrespeitados por ele mesmo, por seus familiares ou outros adultos próximos?

Por isso a regra de ouro continua sendo ouvir. Muitos pais e educadores estão com suas preocupações focalizadas no que devem falar sem se incomodar antes em ouvir, em saber o que o jovem sente e o que procura, para que depois contribuam com alguma coisa. Caso contrário, persiste o discurso em que dois falam, mas ninguém escuta. Duas pessoas que falam não necessariamente estão conversando. A conversa é como a música. É preciso que haja ritmo e ordem. Diz a sabedoria popular que o bom músico é aquele que sabe administrar os silêncios. Pois numa conversa é a mesma coisa. Saber calar para poder ouvir, pois, se todos os instrumentos tocarem juntos, ou cada um a seu belprazer, não haverá outra coisa senão barulho. Há som, mas muito longe de ser música. O mesmo pode se afirmar das tais conversas, ou melhor, do falatório.

PROBLEMAS SEXUAIS

O impulso sexual, suficientemente forte e persistente, e a prática sexual rotineira gradualmente amenizam as inibições e os variados graus de culpa e vergonha. Ademais, todos os seres humanos, indistintamente, têm uma profunda necessidade de ser estimados, desejados e amados. A atividade sexual com outra pessoa é vista como uma prova de sua atratividade, de ser desejado e valoroso, e até de ser amado, prova realmente necessária para a constituição de uma auto-estima saudável e de uma vida feliz.

Problemas sexuais podem ter origem não só em deficiências orgânicas e fisiológicas mas também em questões de ordem psicológica e social, pois, se houver algum desajuste em uma dessas áreas, as outras muito provavelmente serão afetadas.

Os problemas orgânicos de natureza sexual correspondem à minoria daqueles observados. Seria o caso do desenvolvimento deficitário da genitália, de disfunções neurofisiológicas e hormonais, principalmente. Outros problemas transitórios enfrentados em qualquer momento da vida, não sendo característicos da adolescência, seriam as doenças sexualmente transmissíveis ou outras patologias que afetam direta ou indiretamente a sexualidade, como diabetes, tumores, problemas cardíacos, alergias, entre outras. Para elas, existe tratamento médico específico.

Já os problemas psicológicos constituem de longe a maior causa de inadequação sexual, podendo até mesmo ser o gatilho de muitas doenças orgânicas. Inibições, tabus, mitos, repressões, ansiedade, culpa, sentimentos de inadequação, baixa auto-estima e depressão são muito fomentados pela própria sociedade através da mídia. Livros, revistas, filmes, propagandas, carregados de preconceito ou de valores distorcidos, acabam produzindo efeitos devastadores, pois atingem um grande número de pessoas através de apelos fortemente emocionais, gerando opiniões ou modismos que podem contribuir para sentimentos de exclusão ou insegurança. Bancas de revistas são verdadeiros supermercados de mitos, repletas de todo tipo de modelos artificiais ou elitizados. São modelos muito distantes da realidade da maioria das pessoas, mas extremamente próximos da capacidade idealizadora dos jovens, cujas expectativas beiram o Olimpo. Esquece-se de que na mídia se está diante de um personagem produzido, maquiado, sob iluminação adequada, com falas e comportamentos ensaiados, controlado por uma equipe especializada em trabalhar com o imaginário. Mas o que é o adolescente senão o protagonista do imaginário? Dele mesmo, dos adultos saudosistas e dos mais jovens ansiosos, todos mirando esse personagem único.

Problemas como a ejaculação precoce no garoto e a anorgasmia na garota, muito comuns entre os jovens, são mais o resultado natural do excesso de tensão e falta de treino sobre um jovem inexperiente do que algum problema mais sério. Certos rapazes ficam tão excitados com as preliminares ou com a imagem do corpo nu de uma garota que isso é o suficiente para diminuir o tempo de ereção e portanto de penetração, assim como as chances de orgasmo da parceira. Esse é o principal motivo pelo qual muitos jovens evitam preliminares mais prolongadas e por vezes se recusam a utilizar preservativos, com receio de perder um tempo precioso de penetração ou de nem conseguir concretizá-la.

Esse tipo de problema sexual só será ultrapassado ou atenuado com a experiência e por meio de uma comunicação aberta com o parceiro ou a parceira sexual.

Até o final da adolescência, a grande maioria dos garotos vive o pico de sua capacidade sexual, a habilidade de responder rápida e repetidamente. Porém, o mesmo é mais difícil de afirmar em relação às garotas. Muito se questiona se isso ocorre por fatores culturais ou evolutivos da espécie. Mais uma vez, existe um ponto de cruzamento entre várias linhas de força, que influenciam fortemente o desenvolvimento do ser humano, reforçando a suposição de que não existe este ou aquele fator, mas um processo multifatorial, em que evidentemente haverá momentos de maior relevância de um ou de outro vetor.

Não se pode esquecer de que lidar com as diferenças gera tensão e ansiedade. Por isso, muitos jovens de hoje se escondem em corpos indiferenciados, através de estereotipias, compondo um visual andrógino com o uso de roupas largas, brincos, cabelos longos e tingidos, botas e outros acessórios comuns a ambos os sexos. A própria moda unissex do vestuário e do formato do corpo reforça isso. O trabalho do adolescente será desvelar a diferenciação sexual e elaborar esse novo conteúdo, em vez de negá-lo, como parece ser o convite inicial, vencendo mais uma etapa na construção de uma sexualidade saudável.

Até algumas décadas atrás, a grande maioria dos casamentos acontecia pela diferença, formando-se pares complementares. As pessoas se conheciam em festas, passeios, viagens ou outros encontros sociais. Hoje a situação se inverteu, e a grande maioria das uniões civis é de iguais, ocorre por simetria. Pessoas que fizeram os mesmos estudos ou os mesmos trabalhos acabam gerando uma ideologia de fraternidade generalizada que, na maioria das vezes, fracassa. Poderia parecer a princípio uma solução interessante, mas inquietante. É como uma transgressão ao incesto, um retorno ao infantil, à eliminação da diferença e, imaginariamente, da angústia. Imaginária, pois a angústia vem a galope, ou é mais uma vez ludibriada por uma separação feita às pressas. Não há tempo para tentativas de reconciliação. É preciso se separar antes de pensar a respeito do que se fez, para que se continue como bons amigos. Quase irmãos.

Isso tudo, aparentemente, teria origem nas oportunidades de desenvolvimento emocional que se proporcionaram ao jovem em formação.

ESPAÇO PARA O EMOCIONAL

Devido aos avanços alavancados nos anos 60 com a descoberta da pílula anticoncepcional, a revolução sexual e a queima de sutiãs, os jovens de hoje possuem uma autonomia sexual nunca antes experimentada. Existe informação de qualidade em todos os meios de comunicação, basta procurar, e também a possibilidade de planejamento familiar consciente, já que a garota pode exercer até o controle sobre o ciclo menstrual, suprimindo-o, caso assim deseje.

Porém, existe algo que não é muito estimulado nem nos meios de comunicação, nem muitas vezes em casa, que é o espaço para o emocional. Aquela pecinha que falta para fazer todo o mecanismo funcionar de forma perfeita, que é o emocional. Caso contrário, acabam acontecendo gestações não planejadas ou doenças sexualmente transmissíveis em pessoas saturadas de todo tipo de informação possível e imaginável.

Dessa suposta amnésia transitória pode-se inferir que o racional, como instância isolada, não é suficiente para conter comportamentos de risco. Como é possível esquecer do básico justamente quando ele é de fundamental importância? Mas é exatamente o que está refletido em estatísticas verdadeiramente assustadoras. A questão não é só informar, informar e informar. Nem instaurar políticas higienistas radicais ou controle social do planejamento familiar, como observamos na experiência de outros países, passíveis de condenações éticas em nosso país.

Mais uma vez, além de falar, é preciso ouvir. Quais as angústias, os medos, as incertezas, as certezas, as fantasias desses jovens afogados em expectativas? É preciso que lhes seja garantido um espaço de acolhimento que os valorize e, conseqüentemente, os ensine a se valorizar como indivíduos. Quarenta anos de pílula anticoncepcional e cem anos de psicanálise, e ainda temos cifras de adolescentes grávidas com um número assustador de zeros no final.

A questão da gravidez — ou, antes, do impulso de reprodução — é atávica. Pode-se dizer que faz parte do inconsciente de todos o desejo de ter filhos, pois é um instinto de preservação da espécie. Mas o que se fala na adolescência é de uma gravidez que também pode ser vista como um projeto de vida, como a realização de um sonho, apesar de muito deslocado da realidade social em que se vive de fato.

A posição de destaque social oferecida pela maternidade representa um status invejável para adolescentes inseguras quanto a seu lugar no mundo. E aí não adianta apenas informar como se usa a camisinha, a pílula anticoncepcional ou qualquer outro método contraceptivo. A conduta preventiva não é unicamente higienista, mas deve incluir o aspecto emocional.

Propiciar espaços onde essas adolescentes possam simplesmente ser o que são e consigam se expressar quanto a sentimentos e expectativas num ambiente de acolhimento pode ser muito mais eficaz do que panfletos científicos, apesar de uma conduta não excluir a outra. Ambas são necessárias. Porém, o inconsciente, principal domicílio dos aspectos emocionais de nossa personalidade, é muito mais poderoso do que se imagina cotidianamente, o que já foi largamente comprovado por Freud e atualizado por vários outros estudiosos da psicologia.

Não se podem negar as disposições inconscientes como influência ativa em nossa vida. Não por acaso a jovem com as melhores notas na escola é também a mesma que não tomou pílula corretamente ou esqueceu de usar camisinha. Hoje já se sabe que a memória não é simplesmente uma função cognitiva, mas também dependente do componente emocional. Não basta ter um cérebro íntegro e bons neurônios para possuir boa memória.

É preciso que indivíduos normais tenham também condições emocionais adequadas para isso. Como exemplo, basta perceber o que acontece com a maioria das pessoas quando estão muito preocupadas ou ansiosas com alguma coisa. Inevitavelmente outros compromissos passarão despercebidos. O próprio tempo parece ter uma dimensão diferente.

A preocupação é o excesso de emocional invadindo o pensamento e contaminando as decisões. Assim, pode-se inferir que, sob os altos níveis de hormônios e de ansiedade a que estão submetidos os jovens em suas primeiras experiências sexuais, muitas coisas podem ficar esquecidas, como o período do ciclo de fertilidade, o horário de voltar para casa, de tomar pílula ou de usar camisinha. O ideal seria então que se contribuísse para a maior tranqüilidade emocional desses neófitos sexuais, evitando-se dissabores para todos.

INTERNET

Outro fator recente a ser considerado é a inserção da internet na vida do adolescente e quanto ela tem influenciado o padrão de resposta sexual dos jovens.

Ao analisar os rituais de aproximação e corte realizados desde alguns séculos atrás, observam-se significativas diferenças que em muito refletem as capacidades desenvolvidas. Havia um tempo em que mal se conhecia o futuro cônjuge, pois a aproximação acontecia após um acerto entre as famílias enquanto os candidatos eram ainda pré-púberes. O único recurso disponível na época eram as cartas enviadas por mensageiros a distâncias não muito longas. Com o incremento desse meio de comunicação, foram criadas as agências de correio.

Depois foi inventado o telefone, que representou um verdadeiro avanço, pois houve um salto da palavra escrita para a palavra falada, os componentes emocionais e as questões temporais passaram não só a compor o panorama mas também a ter um lugar de destaque. Começa a transparecer algo que vai além do enredo transmitido através de variáveis de expressão do emocional, como o tom de voz, a respiração, o choro, o riso, o suspiro e até mesmo o silêncio. Tudo acontecendo em tempo real, o que viabiliza uma leitura mais coerente dos sinais de comunicação, impraticável no veículo impresso, que por sua vez não tardou muito a ser substituído pelos aparelhos de fax, que trouxeram consigo um discreto retorno à forma escrita de comunicação, mais concentrada, porém, nas trocas de informações entre empresas e instituições.

As trocas de mensagens de cunho privado vieram a sentir mais fortemente esse efeito do retorno à palavra escrita com a introdução da rede internet de comunicação eletrônica. Hoje, muitos dos rituais de aproximação afetiva são deflagrados por essa via, o que significa um retorno ao impessoal, em que o relacionamento se dá por meio da frase escrita e muitas vezes de forma falseada, já que o recurso da informática permite o total anonimato. Tem-se tempo de pensar antes de responder, e todas as fantasias podem ser lançadas ao meio sem o menor constrangimento. E, o que é mais significativo, sem o acanhamento natural que envolve o contato inicial entre duas pessoas.

Fica expandida a possibilidade de fantasiar, em detrimento da possibilidade de aprender através da experiência de fato. É a prevalência do imaginário, contribuindo em muito pouco para o amadurecimento emocional e social dos indivíduos em questão. Via internet é possível até imaginar que se está fazendo sexo de fato, tamanha a inflação promovida no imaginário.

A internet, como veículo de comunicação pessoal, é extremamente eficiente e traz vantagens significativas para um vasto grupo de indivíduos. Através do recurso virtual pode-se beneficiar quem já tem problemas de relacionamento bem estabelecidos, como esquizofrênicos, portadores de fobia social ou de transtornos de personalidade. Mas quem ainda está construindo uma estrutura interna de relacionamento, como é o caso dos adolescentes e pré-adolescentes, estará submetido a efeitos ainda desconhecidos até o momento. Esse é um exemplo concreto de alteração cultural e sua influência sobre o comportamento e até sobre a saúde mental das pessoas.

O progresso tem sempre a contraparte, que é o preço cobrado pelo avanço alcançado. Como exemplo ilustrativo existe a questão que envolve os canais de televisão. Até alguns anos atrás, existiam menos de dez canais de teletransmissão, e praticamente todas as pessoas sabiam qual era a programação. Escolhia-se um programa que era visto até o fim. Hoje, com mais de cinqüenta canais disponíveis através das televisões por assinatura, ninguém sabe muito bem o que está sendo transmitido, mesmo com os guias de programação à mão. O resultado é que se passa a maior parte do tempo percorrendo os diferentes canais, e raramente um programa é visto até o fim, pelo receio de que se esteja perdendo algo mais interessante veiculado em algum outro canal. É o famoso efeito *zapping*, com o embaraço da escolha, que é basicamente a realidade do dia-a-dia no mundo interior do adolescente.

A superestimulação e a enorme gama de possibilidades abertas pela internet podem funcionar um pouco por esse canal da dificuldade de se encontrar, de se firmar em algo, de conseguir abrir mão de algumas alternativas. Novamente é o enfrentamento da necessidade humana de limites.

Houve um tempo em que se dizia que aquilo que os olhos não vêem o coração não sente. O gostoso é acreditar no que não se vê. E no que não se precisa mostrar. Esse é o território livre da fantasia. Desenvolve-se o racional em detrimento do sensorial. Não há mais o timbre de voz, o cheiro, o tempo de resposta, o olhar, o gesto, o toque, a química. Isso fica para depois que a brincadeira terminar. Depois de alguns encontros virtuais, opta-se ou não por um encontro real.

A timidez, a dificuldade de externar afeto, a mitomania (tendência mórbida à mentira), a dificuldade de contato humano e a idealização desmesurada podem estar encontrando terreno fértil, proliferando de forma eficiente no caldo da cultura virtual.

Se isso tudo constituir apenas uma fase lúdica e de exercício de curiosidade, tudo bem. O problema está na fixação desse comportamento como a única ou a principal possibilidade de contato humano, compondo um quadro mórbido em que o computador ocupa o lugar de um objeto-fetiche, ou ainda na detonação de compulsões tão severas como as de qualquer tipo de adição, como drogas, álcool, jogos, sexo, compras, alimentação e ginástica. Como o jovem não possui defesas psíquicas bem desenvolvidas, seu corpo psicológico está vulnerável à ação virulenta de práticas nocivas. É como se ele houvesse descoberto um elemento mágico para aliviar a tensão gerada por questões emocionais. Só que o que parece aliviar é ao mesmo tempo o que gera mais tensão. Instala-se o círculo vicioso da compulsão. Além disso, há que considerar os riscos da manipulação de jovens por pessoas maliciosas, das quais eles ainda não são capazes de se defender.

Não adianta dourar a pílula. Tudo tem dois lados. O namoro via internet pode ser tão arriscado como o relacionamento de fato, muitas vezes interditado pelos pais mais temerosos. É preciso estar atento e problematizar mais profundamente essa questão para não se acreditar simplesmente que é mais seguro estar em casa diante do computador. Isso não resolve a carência básica do ser humano, pois nosso aparelho psíquico não reconhece o virtual como satisfatório, partindo para a compulsão na tentativa de sanar uma lacuna natural, porém sem alcançar sucesso.

Violência, doenças, gravidez precoce são expressões temidas pelos pais. Devem ser acrescentadas, porém, outras palavras também assustadoras, como carência, insatisfação, imaturidade, infelicidade. O famoso dito de que as mulheres usam o sexo para conseguir amor e que os homens usam o amor para conseguir o sexo é um dos resultados diretos da ausência de condições adequadas de desenvolvimento integral da pessoa. Esse desencontro não ocorre apenas entre homens e mulheres, mas antes entre o emocional e o físico. Ambos os sexos necessitam de amor e de sexo, mesmo que prefiram pensar que não. A polarização das energias sexuais e afetivas segue o esquema traçado pelo dito popular, mas isso se refere apenas a uma tendência, e não a um radicalismo. Vale mais o dito "quem não se envolve não se desenvolve".

Os animais fazem sexo por instinto, sem necessitar de um conhecimento prévio. Eles não falam porque não precisam. Adivinham tudo, pois estão todos submetidos às mesmas leis naturais e são guiados pelos mesmos instintos. Praticamente inexistem as diferenças individuais.

O que nós, seres humanos, perdemos em instinto ganhamos em liberdade e em responsabilidade. Nosso relacionamento sexual envolve, além da perpetuação da espécie, o prazer, que não é apenas físico. Não é somente o instinto que nos guia, mas nossos desejos, anseios, medos, frustrações, inseguranças, curiosidades, resistências, enfim, variáveis múltiplas que nos tornam únicos nas infinitas combinações e, por isso mesmo, passam a demandar rituais diferenciados de aproximação, que requerem um mínimo de troca de informações. Significa que somos seres comunicacionais e precisamos disso. Temos que falar, nos comunicar com o outro, para atingir, na medida do possível, a maior satisfação cabível naquele encontro.

A POLÊMICA SOBRE A CAMISINHA

A sexualidade atual está marcada por um movimento de repressão higienista catalisado pela epidemia mundial da aids. O uso de preservativos está sendo preconizado indistintamente para todo e qualquer tipo de atividade sexual, desde a masturbação mútua até a relação sexual em si. Tudo é possível e vale a pena, única e exclusivamente, se for com camisinha. Não se tolera o sexo desprotegido, e sexo só é seguro com camisinha. Esse é o panorama do comportamento sexual do século XXI.

Assim, numa relação sexual vem em primeiro lugar o preservativo, depois o parceiro. Você pode até ter sexo sem um parceiro, mas jamais sem camisinha, sob o risco não só de contrair doenças sexualmente transmissíveis (DST) ou de uma gestação não programada, mas sob o peso da culpa ou até do desprezo social. Estamos falando da construção de um fetiche social através da política de valorização do preservativo.

Com isso não se pretende descartar essa incontestável e vital função do uso de preservativos, principalmente devido à aids, cujos números aumentam assustadoramente a cada dia. Porém, não é por isso que deixaremos de analisar questões pertinentes do ponto de vista do desenvolvimento psicológico do ser humano. Portanto, além de usar a camisinha, devemos falar abertamente sobre ela.

Alguns aspectos podem ser destacados. Um deles é que sexo não é só prazer, mas reprodução também. O que significa dizer que a humanidade não terminará só porque todo mundo vai evitar a troca de fluidos sexuais durante as relações. E mesmo quanto à questão do prazer, ela não se restringe apenas ao reduto físico, mas existe também um inegável prazer emocional que acompanha todo tipo de relacionamento que envolva intimidade, o que inclui o sexo com destaque.

Por isso, não adianta simplesmente fechar os olhos para uma questão tão poderosa como a do fator emocional na vida dos jovens, pois não falar dela não resolve o problema. Muito pelo contrário. Não falando abertamente sobre isso, as surpresas desagradáveis terão lugar reservado.

Não se pode esquecer que o jovem questiona o mundo muitas vezes sem palavras, ou seja, através de seus atos. E ele não aceita regras sem exceção, pois sua vida gira em torno de buscar as exceções. Isso é o que se chama de transgressão, e não há adolescência sem esse tempero especial, o que pede um cuidado maior na colocação de uma regra tão importante para a preservação de sua vida. O preservativo não só é necessário como fundamental. O mesmo vale para as discussões ampliadas sobre essa regra, senão voltaremos ao tempo da censura, que pode barrar um comportamento indesejável e ao mesmo tempo a possibilidade do amadurecimento sobre o tema.

Nesse caso, existe um fator social falando mais alto do que qualquer voz individual. E o jovem, que ainda não entende muito bem a organização social com toda a sua complexidade, pode se perguntar por que o sexo não pode se tornar mais seguro com uma conversa, uma relação franca, com a confiança? Pois foi isso que lhe foi ensinado até então: a confiar em quem ama, ou seja, em seus familiares. Só que agora, com a adolescência, os familiares são substituídos gradativamente por outras pessoas, inclusive parceiros sexuais. E as regras de conduta com os familiares queridos são naturalmente transpostas pelos adolescentes a outros objetos de amor e afeição, ou seja, os tais parceiros.

Contudo, a mensagem transmitida é que não se deve confiar no parceiro, na pessoa escolhida. Confia-se na camisinha, o que pode ser encarado pelo jovem apenas como uma postura de censura da parte dos pais, que resistem em deixá-lo ir em busca de seu destino fora de casa. Nesse momento, a cumplicidade na relação com os pais pode fazer toda a diferença.

Condutas hipócritas familiares e sociais, que determinam os padrões de comportamento sexual sem uma discussão mais abrangente, podem até estar educando sexualmente, mas deseducam moralmente quando legitimam a arbitrariedade. Políticas públicas de saúde visam resultados práticos imediatos, e não há mal nenhum nisso. Muito pelo contrário. O problema se instala quando, passada a fase de redução de danos, não se aplica a humanização das informações e práticas preconizadas que forneçam um contexto claro e acolhedor que dê significado e sustentação ao seu conteúdo.

Educação com qualidade pede justiça. Se uma questão reverbera nos adultos tanto quanto nos jovens, ou se existe alguma dificuldade em relação ao tema, os mais velhos devem buscar entender primeiro o que se passa consigo para depois explicar os verdadeiros fatos aos mais jovens, de forma correta e sem contaminação de problemas de ordem pessoal. A questão toda não se restringe, portanto, às políticas sociais de saúde pública. A família deverá fazer também sua parte no que diz respeito ao diálogo franco e ao apoio emocional.

A aids, com todas as suas questões, pegou toda uma geração de adultos despreparada para o assunto que, ainda assim, deveria lidar com ela a toque de caixa para preparar a geração seguinte para o problema. Por isso, muitos foram os percalços nesse caminho. Mas existem aspectos no relacionamento de pais e filhos que transcendem essa questão. Um deles é que os jovens podem até se recusar a ouvir o que os mais velhos lhes dizem, mas não deixam de observá-los e até de imitá-los, mesmo contra a própria vontade consciente, por ser esse um processo involuntário.

Então já não se fala mais apenas do universo mental do adolescente, mas de todos os que possuem vida sexual. Quem de nós, adultos, não questionou, ao menos secretamente, essa arbitrariedade sobre o uso dos preservativos? Quem de nós não achou importante ter uma campanha para que todo mundo usasse camisinha, mas no fundo acreditava não precisar disso também?

É fácil apontar o dedo ao adolescente e dizer que ele está tentando transgredir regras, expor-se a situações de risco, viver num mundo irreal ou qualquer outra coisa que os adultos são especialistas em imputar aos jovens. Mas, se isso ocorre com todos, ou pelo menos com grande número de pessoas independentemente da faixa etária, é preciso perceber que determinados comportamentos podem representar mais do que parecem.

Assim, as mudanças no comportamento sexual que protagonizaram o percurso de amadurecimento da adolescência continuarão em cena mesmo durante as décadas subseqüentes, porém com novo ritmo e às vezes com novo foco, como o de cuidar da sexualidade dos próprios filhos adolescentes, como fizeram seus pais.

Família – Ciclos e Relacionamentos

Você me diz que seus pais não entendem
Mas você não entende seus pais
Você culpa seus pais por tudo,
isso é absurdo
São crianças como você
O que você vai ser
Quando você crescer?

PAIS E FILHOS
Dado Villa-Lobos, Renato Russo e Marcelo Bonfá

Um indivíduo não é feito apenas de seu mundo intrapsíquico, mas também de um amplo e inegável mundo interpsíquico, ou seja, de relações. A primeira e principal esfera de relações interpsíquicas de cada um se dá na família de origem. Entende-se por família todo grupo ou sistema regido por leis sociais e de afeto, sejam elas quais forem, onde existe uma dinâmica de relacionamento, hierarquia e cuidados recíprocos que não se restringe unicamente à esfera de consangüinidade ou comoradia.

Com a chegada da adolescência em uma família, as inter-relações tendem a mudar radicalmente de tom, e os pais terão de aprender a lidar com as várias emergências, nos dois sentidos da palavra. No sentido mais corriqueiro, que é o de urgência, premência, do estado de alerta constante que se faz necessário nas intercorrências, até porque tudo na adolescência é muito intenso e rápido por natureza. Nessa nova configuração, o que valia ontem talvez já não possua o mesmo valor hoje, ainda que os pais não tenham sido informados da alteração processada. E, no outro sentido da palavra, derivado de sua origem latina *emergere*, que se refere à ação de emergir, sair de onde se estava mergulhado, que simboliza perfeitamente o percurso do adolescente, da família à sociedade.

Algo que emerge do psiquismo do adolescente é que já não basta relacionar-se apenas com os familiares ou com o círculo restrito de conhecidos. Agora ele quer o mundo todo como seu interlocutor e acaba por descobrir novos horizontes e também novas formas de relacionamento. Em linha direta, surge um variado leque de questões que se abre com a correspondente miríade de sensações, muitas delas inéditas, que inevitavelmente o impulsionarão à busca de seu sonho de um mundo melhor.

Trazer qualidade à vida em sociedade pode ser bem diferente do que se vivenciava no reduto doméstico, pois nessa perspectiva ampliada a qualidade não implica necessariamente satisfação individual. Qualidade muitas vezes é justamente não satisfazer, pois é preciso desagradar para fazer o que tem de ser feito. Como não é possível satisfazer a todos individualmente, a organização social busca o bem comum, o que esbarra nos anseios adolescentes de liberdade e de conquista de um mundo melhor.

O jovem acha que tem as respostas para os males do mundo, pois ainda não aprendeu que nem todos pensam como ele e que por isso é impossível satisfazer a todos. E também que a satisfação que se atinge deve ser diferenciada do prazer imediato, pois não é rápida, mas acontecerá lá na frente, produzindo resultados duradouros que versarão sobre o bem-estar geral e não individual. Em suma, para viver em sociedade, o jovem aprenderá a duras penas que a regra não é só se sobressair, mas na grande maioria das vezes corresponde à difícil arte de ceder.

Não é o mesmo que ocorre, por exemplo, com um estabelecimento comercial, que, para sobreviver no mundo competitivo, deve satisfazer o cliente ao máximo, o mais rápido possível. Deve fazer de tudo para que seu consumidor saia de lá tão satisfeito que deseje voltar quanto antes. São as leis de marketing que regem o universo do consumo. Mas leis comerciais não devem ser confundidas com as leis que regem o universo emocional.

Isso não funciona especialmente com alguém que ainda não sabe escolher o melhor para si e desconhece as regras básicas do convívio em sociedade.

LIMITES E TRANSGRESSÕES

Conforme foi descrito anteriormente, o limite é um poderoso organizador intrapsíquico e relacional, mas tem de ser estabelecido com afeto e com justificativa. O limite como forma de amor é um dever dos pais e um direito dos filhos. Com uma base de afeição e carinho, o limite bem colocado e explicado é estruturante, produzindo um mal-estar transitório. De outra parte, a ausência do limite adequado pode causar um mal-estar crônico, que avança no tempo e se fará sentir mesmo na idade adulta, gerando insatisfações e sensações de desajuste. Essa é a lei do emocional.

E a necessidade da justificativa para os limites ou castigos se baseia em dois pilares: no desenvolvimento da capacidade do jovem em compreender e elaborar as diferentes informações que irão compor seu meio ambiente relacional e na estratégia para que os pais minimizem as transgressões, uma vez que não há regras sem transgressões. Isso é democracia.

Dessa forma, aprender a negociar torna-se fundamental. E os filhos devem ter voz em momentos de argumentação. Regras estabelecidas com rigidez, sem possibilidade de argumentação ou diálogo, refletem o receio dos adultos de perder o papel de autoridade que exercem na relação. Autoridade e amor andam juntos na criação dos jovens, justamente para construir uma base sólida, onde as falhas de um lado serão compensadas pelo outro. Se cada um não conseguir lidar com os próprios limites, não conseguirá ensiná-los.

Regras rígidas ou não explicadas têm o mesmo efeito da palmada ou do limite físico. São posturas que impõem uma conduta sem a possibilidade de compreensão, uma vez que abolem o diálogo e legitimam a violência como forma de resolver problemas.

Quanto menos houver de comunicação verbal em uma relação como forma de expressão de limites e sentimentos, mais severas poderão ser as conseqüências negativas. O ideal é a inauguração do limite verbal, nem que seja como precursor de uma comunicação verbal mais ampliada, de duas vias, como é o diálogo. O castigo como forma de limite e reflexão é válido se não se valer apenas de prerrogativas punitivas, que só infligem culpa e sentimentos de contrariedade e incompreensão.

Muitas vezes os jovens pedem, imploram por limites que não podem ser delegados à sua autogestão, até que determinadas qualidades morais e sociais sejam desenvolvidas e disponibilizadas. Exigir o que ainda não é possível é tão perverso quanto proibir o necessário. É preciso entender que a frustração é estruturante para a formação de um corpo social de relacionamento saudável.

Que o jovem vai querer transgredir é um fato, é o papel dele no jogo. Mas todo jogo tem regras, e as regras deste estarão na definição clara dos limites. A vivência desse jogo, que requer no mínimo duas pessoas, contribuirá para a construção do corpo ético e de valores morais do jovem. A repressão, mesmo que infrutífera a curto prazo, produzirá frutos no futuro, quando o jovem tiver amadurecido o suficiente o lado emocional para compreender as dinâmicas que envolvem a vida em sociedade.

Uma sociedade imediatista, que ensina a partir de resultados a curto prazo, é perversa, pois altera significativamente a natureza das reações humanas, que necessitam de uma análise de médio e longo prazo. Assim, nem tudo que é gostoso é bom e nem tudo que é desagradável é prejudicial.

Algumas situações frustrantes produzem resultados positivos na estruturação da personalidade se encontrarem terreno fértil para sua significação psicológica. E as situações inicialmente prazerosas de transgressão podem trazer a sensação de vazio e insatisfação a médio e a longo prazo.

A busca pelo prazer imediato pode ser uma forma de fuga da dor de agora, que, se não for elaborada, talvez seja o vazio existencial de amanhã. E é vazio mesmo o espaço que não foi preenchido pela vivência saudável de uma experiência importante, mesmo que conflitante, adequada a determinado ciclo de vida. O vazio existencial só será preenchido pela conscientização de si mesmo, o que envolve o lado bom da coisa e sua contraparte, que inclui limitações, fraquezas, dificuldades e deficiências.

Um exemplo muito claro dessa dinâmica psíquica da dificuldade de lidar com situações inicialmente desprazerosas está no comportamento do indivíduo adicto. É indiferente o tipo de vício, que pode ser por drogas, álcool, cigarro, jogos, sexo, comida ou o que for. A dinâmica psíquica por trás de todas essas formas de comportamento desajustado reside na necessidade de satisfação imediata de ter prazer. Para o adicto, não importa que, após uma efêmera sensação de prazer, venha uma larga ampliação do desprazer, já que existe a alternativa de sempre renovar o reforço positivo daquilo que fornece a sensação prazerosa buscada. Dessa maneira, o total desvirtuamento do significado emocional do que vem a ser prazer leva o adicto a um comportamento limitante a curto e a longo prazo, deteriorando sua vida como um todo.

A curto prazo, a realidade é que se cria uma situação artificial na qual não se sai da sensação de euforia e prazer, sempre retornando-se ao ponto de onde se partiu, como num circuito fechado. Cessado o período de abrangência do efeito selecionado, volta-se a um estado de maior ansiedade ou depressão, dependendo de qual foi a força propulsora para o comportamento adictivo. Por exemplo, uma pessoa ansiosa, que se sente mais relaxada e feliz fumando um cigarro de maconha, ficará muito mais ansiosa após cessado o efeito químico da droga. Ou ficará mais deprimido aquele que usou cocaína para se estimular, e assim por diante, o que clamará por reposição imediata.

A longo prazo, a situação fica muito mais séria, pois o adicto desaprende a obter, e até mesmo a imaginar, o prazer e a sensação de saciedade que não sejam aqueles obtidos pela via de sua compulsão, o que representa um evidente empobrecimento do que poderia ser uma vida com horizontes mais amplos. A fuga dos limites e das frustrações o levou diretamente, num vôo sem muitas escalas, à maior limitação auto-infligida que se possa imaginar, que é uma vida restrita à constante repetição de um ritual patológico.

MÁQUINA DE "NÃOS"

O limite virá. De alguma forma ele virá. Cabe aos pais escolher quando e como virá. Ser um bom pai não tem nada a ver com ser o herói que resolve tudo sozinho. Quem tenta passar essa imagem está impondo uma exigência enorme para si e para os filhos, uma vez que estes terão de sobreviver com a carência de elementos educativos essenciais para seu amadurecimento emocional.

Numa perspectiva macrossocial, os poderes públicos, por exemplo, são extremamente limitantes, pois não podem satisfazer individualmente a cada cidadão, até porque isso resultaria impossível, devido à contrariedade de proposições. Mais do que isso, o poder público é instituído para colocar o bem comum acima dos interesses individuais. Os primeiros passos dessas regras de convívio social são passadas dentro do lar, quando é estabelecida uma hierarquia com papéis familiares definidos e são colocados limites claros sobre as condutas de cada componente familiar. No caso de filhos pequenos ou adolescentes, essas regras — como a necessidade de higiene, estudo, horários para refeições, quantidade e qualidade de alimentos ingeridos, proibição do uso de drogas, visitas ao médico e uso de medicamentos, apenas para citar alguns exemplos — não visam apenas o bem comum, mas também a estruturação individual dessa criança ou desse jovem. Com isso, não se preconiza o estabelecimento de um regime militar intramuros, com o treinamento de uma disciplina que se pareça mais com a própria guerra do que com o desenvolvimento de estratégias adequadas de sobrevivência. Não adianta ligar a máquina de "nãos" e sair atirando para todos os lados sem olhar para a pessoa a quem se direciona aquele "não" e para as suas necessidades. É muito mais comum ouvir "não derrame o leite!", em vez de "tome cuidado com o leite!" ou mesmo "seja cuidadoso com o leite!". O dito vem na negativa, no que não fazer, sem estimular e às vezes sem mesmo insinuar qual o verdadeiro objetivo da ação. O ideal seria poder inspirar a respeito de como é desejável ser, em vez de dar ordens de comando, de como tem de ser feito. Essa é uma forma de incluir a pessoa que realiza o ato, valorizando-a e fornecendo subsídios para o fortalecimento de sua auto-estima e auto-imagem. O jovem tem muita necessidade de saber o que se espera dele, quais as condutas mais adequadas e as posturas valorizadas, pois esses valores se encontram ainda em construção. Está aberto o espaço para ser preenchido pela imaginação de cada um, um terreno livre para mal-entendidos e dissabores. Aí não adianta chorar pelo leite derramado.

Dessa forma, não apenas são evitados os erros do dia-a-dia, como também não se fornecem os ingredientes básicos para uma crise de rebeldia "antinão", pois não foram desperdiçados os "nãos" que deveriam ser utilizados na mesma medida em que qualquer outra palavra, sem desequilíbrio. A transgressão vem naturalmente com a adolescência, mas ela será exacerbada pela necessidade de neutralizar um desequilíbrio, por exemplo, o excesso de negativas.

Até meados do século passado, a educação vigente era a pedagogia do "não". A partir dos anos 60, com todo o movimento de rebeldia à ordem estabelecida, inaugurou-se a educação pelo "sim", segundo a qual se acreditava que, eliminando-se as repressões e frustrações, se estaria direcionando a pedagogia para a construção de seres humanos melhores e mais felizes. Foi a duras penas que se descobriu que qualquer tipo de exagero é prejudicial e que o melhor caminho é o do meio, o da temperança. Assim, nos anos 90 houve um retorno do "não", numa política que inclui tanto o "sim" quanto o "não", porém agora com bom senso. Descobriu-se que a liberdade não está necessariamente atrelada à ausência de limites na educação. O ser humano pode ser livre, mesmo sob a tutela de regras familiares e sociais. A colocação de limites faz parte de uma forma de condução dos jovens no percurso até a chegada da idade adulta, quando se espera que essa qualidade já tenha sido incorporada e passe a ser autogerida.

A postura adequada de temperança veio na consonância com um momento de grande estresse sofrido pela humanidade como um todo, que coincide com o processo de globalização e crise mundial. A sobreposição desses fatores contribuiu para ofuscar temporariamente os resultados almejados, que, porém, não tardarão a se mostrar eficientes.

Essa postura deve, na verdade, ser cultivada pelos pais desde a infância, quando ainda é mais fácil educar estruturas naturalmente mais maleáveis. Caso contrário, se a rigidez e a sensação de incompreensão são alimentadas desde o início, esses sentimentos tendem a aumentar com a idade, transformando-se em pólvora doméstica. Mais uma vez a satisfação imediata, para alguns pais, de não ter de passar pela difícil tarefa de ficar no lugar do repressor, do antiquado ou do chato cobrará seu alto preço num futuro não muito distante, quando os hormônios sexuais estarão cumprindo seu papel evolutivo. São características da adolescência a possibilidade genital da sexualidade e o intenso desenvolvimento do aparelho musculoesquelético, com a conseqüência imediata da capacidade de externar de forma efetiva a agressividade, na maioria das vezes, descontrolada e desorganizada por seu próprio desconhecimento. A criança cresce física e emocionalmente, seu status social muda e a relação de direitos e deveres deve acompanhar essa evolução, oferecendo o que cada faixa etária pede. Perceber e dar a devida importância às mudanças evolutivas é uma das grandes tarefas presentes no ciclo vital de uma família.

COMUNICAÇÃO

Existem duas reclamações básicas dos jovens no que tange à comunicação no relacionamento com os pais. A primeira é que eles sentem a falta da proximidade e da atenção dos pais. Estão falando da falta que sentem de uma relação de verdade, de perceber que os pais gostam deles e se abrem com eles. Além de estimular sentimentos positivos de pertença, essa conduta facilita também a via inversa, ou seja, no sentido de também se abrirem com os pais, o que desejam profundamente. A linguagem é a forma áurea de relação entre as pessoas, é constituinte e organizadora. No caso dos jovens, chega a ser um alimento, que será mais nutritivo tanto mais for vitaminado pelo afeto. Nosso mundo é do tamanho de nossa linguagem, disse Wittgenstein.

A segunda reclamação, como não poderia deixar de ser, consiste nas excessivas cobranças por parte dos pais, o que, assim como na questão anterior, denota a falta de sintonia nas comunicações.

Um dos principais vilões apontados para toda essa falta de diálogo é o fator tempo. Um exemplo concreto seria a diminuição progressiva da disponibilidade de tempo livre das mães, que passaram a trabalhar fora. Como nossa cultura já nos preparou para a saída do pai para o trabalho, ficava o contraponto da presença da mãe no lar. Agora, ambos os genitores, principalmente as mães, passaram a estar mais cansados e estressados do que de costume, alterando significativamente a qualidade do relacionamento doméstico. Porém, esse é apenas um dos lados da moeda. Em tempos anteriores à saída maciça das mulheres para compor o rendimento doméstico no mercado de trabalho, elas eram vistas pelos filhos como insatisfeitas e frustradas e não raro sofriam de distúrbios de humor, entre outros, como a depressão, além de apresentar mais marcadamente aquilo que se convencionou chamar de síndrome do ninho vazio, ou seja, o esvaziamento da própria vida com a saída dos filhos já crescidos do lar.

Não é possível que ainda se acredite que fatores estanques e isolados sejam os geradores causais deste ou daquele distúrbio, principalmente quando se fala de algo eminentemente relacional e circular, como é a família. Certo está que existem momentos de crise característicos e previsíveis na relação familiar, que ocorrem com freqüência em circunstâncias similares, a iniciar pelo matrimônio, passando pelo nascimento do primogênito e posteriormente dos demais filhos, pela individuação desses filhos e seu efetivo afastamento. O que passa a ser significativo, portanto, não é apenas avaliar a quantidade de tempo disponível, se se trabalha fora ou não, quanto dinheiro se tem ou qualquer outra variável. Como em toda receita, o segredo está na medida e nas combinações dos elementos. Um casal que se compõe de maneira em que pelo menos um dos genitores tenha de abdicar de seu desenvolvimento, seja quanto ao mundo exterior, seja quanto à sua individualidade, que não como opção consciente e elaborada, estará disponibilizando na relação sua incapacidade de gerenciar a própria vida, individual e familiar. É isso que estará em circulação nas comunicações, principalmente nas não-verbais, contribuindo para que o jovem submetido a esse ambiente tenha a tendência de construir um conhecimento falho sobre o que é o relacionamento humano, levando ele também esse desajuste para sua vida adulta.

Cada família tem suas regras de conduta e padrões de relacionamento. As regras que funcionavam tão bem para os filhos pequenos não servem mais quando eles se tornam adolescentes. Os filhos podem espernear, reclamar, achar chato, retrucar, mas, ao conversar com eles a esse respeito, reconhecerão que determinada postura de limite era correta, o que muitas vezes põe por terra até as mais emocionadas queixas juvenis.

Seria como se se promovesse uma grande faxina na comunicação ao colocar temporariamente à parte as emoções mais intensas para que se viabilize a maior abrangência da razão e da coerência. Isso não implica negar os sentimentos ou as emoções envolvidos naquele momento, mas é possível deslocá-los do centro das atenções para proporcionar algum tipo de compreensão sobre o que está se passando.

Quantas vezes, depois de adultos, não ocorre a recordação do próprio passado adolescente, em que se agradece pela paciência e capacidade de imposição de limites dos pais, ou então se lamenta aquele episódio que mereceria uma atitude mais rígida deles. A questão é que existe sabedoria no limite bem colocado, que fornece a sensação de amparo ao jovem, mesmo que ele ainda não seja capaz de reconhecê-la e nomeá-la. Manter as emoções nos trilhos é difícil até para os adultos, que dirá para os jovens, que estão experienciando um conflito bélico entre a explosão de impulsos e a artilharia de limites. Mas o oposto, ou seja, a sensação de desamparo, ou de pais ausentes, é deflagrada de imediato por atitudes provocativas e chamativas, convocando os pais a exercer seu papel. Afinal, o jovem está fazendo a parte dele, que é testar os limites e sua validade, enquanto testa a própria vida.

Ninguém está preso dentro de casa. Regras muito rígidas que só funcionem dentro da redoma do lar estão fadadas ao fracasso, pois não auxiliam em nada na formação de indivíduos competentes para lidar com os desafios da vida. Proibições não contextualizadas — pois proibições são necessárias — constituem o principal ingrediente das transgressões. Se a comunicação não ocorrer de uma forma, seguramente ocorrerá de outra, pois somos seres comunicacionais. E a transgressão também é uma forma legítima de comunicação. Não a mais adequada, mas para o jovem parece a melhor possibilidade de que dispõe no momento em que vive. A natureza faz isso por ele, que apenas a acompanha.

O processo de civilização da humanidade incluiu, entre tantas regras novas e alterações do secularmente estabelecido, a introdução da continência das manifestações instintivas. Então a educação figura seguramente no topo da lista das condutas civilizatórias da humanidade, e é o que se espera estar interiorizado em cada cidadão que tem um filho e deseja incluí-lo na sociedade.

Mas cada ser é único e demandará condutas próprias para seu processo de socialização. Algumas pessoas, no entanto, encontram-se tão centradas em suas questões pessoais que acabam prejudicando sua interação com o meio, o que afetará significativamente a possibilidade de intervenções educativas e será naturalmente ampliado em momentos de crise ou de maior estresse. Por isso, alguns jovens em certos momentos podem demandar intervenções mais marcadas capazes de provocar um deslocamento momentâneo de sua atenção, rompendo-se um possível círculo vicioso.

Repetições desse tipo são muito perniciosas e dificilmente o jovem é capaz de desvencilhar-se sozinho de sua influência. Seria como o antigo empurrãozinho dado à agulha de um gramofone, que repete exaustivamente uma seqüência melódica sobre um disco riscado, impedindo que toda a beleza daquela melodia se faça sentir. Fica apenas o som irritante de uma repetição desagradável. E quanto mais tempo se leva para tomar uma atitude, maior será o efeito da irritação produzida pela desarmonia, gerando o risco potencial de uma descarga emocional em evidente desproporção com o estímulo que a originou.

Somente uma intervenção mais firme passa a ser sentida nesse contexto de ouvidos moucos. A colocação do limite abre espaço para que se possa ser ouvido. E é bom que se tenha algo apropriado a dizer, senão esse recurso perderá sua força nesta e em ocasiões futuras.

CICLO VITAL FAMILIAR

É do jovem transgredir, e muitas vezes irritar os pais, pois nessa intensa mobilização emocional ele promove não apenas o próprio crescimento, mas inclui o amadurecimento dos pais no mesmo pacote. A família toda, espera-se, deverá passar por profundas transformações durante o processo de adolescência de um filho. São transformações necessárias, pois aquela organização familiar que funcionava bem para um esquema com filhos infantis se mostra falha e insuficiente para o acompanhamento de filhos adolescentes. Há um necessário reajuste evolutivo que permite que a família promova as adaptações cabíveis para o novo modelo de funcionamento, evitando o sofrimento gerado pela rigidez de um sistema que não serve mais. Se o filho está entrando na adolescência, os pais inauguram o que se pode chamar de segunda adolescência, tamanha a amplitude de mudanças por que a família, como um todo, deverá passar durante esse período de transição.

Esse é um paralelo interessante, pois permite uma observação ampliada da repercussão dessa alquimia interior que atinge individualmente todos os membros da família em seu comportamento observável. Os pais de adolescentes demonstram mesmo nas coisas mais corriqueiras, como vestuário, modelo de carro, corte de cabelo, palavreado, roteiros de lazer ou férias, nova postura não apenas diante dos filhos, mas da vida em si.

O comportamento não é determinado exclusivamente por experiências do passado, o que significa que não segue uma ordenação linear no tempo. Através desse processo absolutamente individual, cada um construirá uma visão de mundo própria. Mas como momento existencial inserido em um contexto familiar, ele é difícil para todas as partes envolvidas.

Ser adolescente não é menos penoso que ser pais de adolescente. Nesse sentido, as referências fornecidas pelo meio social virão a influenciar não só em uma, mas em todas as vidas envolvidas na passagem de uma fase para outra do ciclo vital familiar.

Enquanto os filhos buscam construir e consolidar a própria identidade, a dos pais entra num período de reconsideração. Os filhos contestam os pais, e os pais contestam a si próprios, pois se vêem expostos, com seus valores testados pelas dinâmicas deflagradas pela adolescência dos filhos. A forma como essa transformação ocorrerá e os resultados obtidos dependerão de múltiplos fatores, desde os individuais até os culturais, mais amplos.

Cada adulto traz dentro de si uma auto-imagem, um ideal de si como genitor. Daquele que foi no passado, do que é hoje e do que gostaria de ser no futuro, pois o próprio ideal cresce e muda junto com quem o sustenta, numa evolução de sua atuação e imagem. De forma mais ou menos objetiva, sempre sobrevém alguma angústia no processo de construção e reconstrução da identidade de genitor, assim como em qualquer outro papel vital que se exerça.

Por algum capricho do destino, pode haver ainda uma sobreposição de perdas àquela simbólica da perda do filho que cresce e se vai. Perdas individuais dos pais ou do grupo familiar como um todo darão colorido especial a esse momento difícil de transição. Com isso, o destino psicológico do adolescente estará na capacidade de se destacar como individualidade no processo que afeta sua coletividade. Do contrário, ele pode ficar aderido a esses processos de perda, identificando-se ou confundindo-se com eles.

De qualquer forma, não existe regra, a não ser a de que cada caso é um caso. O que se passou com um filho não necessariamente será igual com o outro. Assim, os pais não são feitos de véspera, mas se formam com a prática, na interação com cada um dos filhos. A experiência anterior desses mesmos pais com outros filhos mais velhos pode abrandar os níveis de ansiedade e insegurança, mas essas não são as únicas variáveis no jogo da educação e da interação com os filhos.

Por mais que possa parecer, nada disso é novo, ou pelo menos não deveria ser. Quando é chegada a idade da adolescência de um filho, essa família já deve ter passado por algumas grandes crises de transformação em sua estruturação básica. Houve, por exemplo, o primeiro grande salto qualitativo quando aqueles que hoje são pais eram jovens solteiros e tiveram de deixar de ser filhos para se tornar cônjuges. Depois houve nova mudança de perspectiva e de papel familiar com o nascimento dos filhos, em que passaram a ser genitores.

De indivíduo passou-se a casal. De casal, passou-se a família. A família, agora, prepara-se para entregar os filhos ao mundo.

Isso para citar apenas algumas crises previsíveis de amadurecimento no ciclo familiar. Existem também as crises não previsíveis, tão ou mais desestruturantes de uma ordem estabelecida, por exemplo, um acidente, uma doença incapacitante, o desemprego, a queda de padrão econômico, a mudança de país ou o luto.

PERDAS E LUTOS

A dor do parto, por mais intensa que seja, não se aproxima nem de longe à dor da perda de um filho. A dor emocional supera infinitamente a dor física. E, com certeza, esse fantasma estará presente na mente dos genitores, seja de forma consciente, seja camuflada em seu inconsciente. A verdade é que essa possibilidade, mesmo remota, é poderosa o suficiente para mobilizar atitudes extremadas por parte de pais naturalmente inseguros ou traumatizados por algum evento anterior. Isso não deve ser de maneira alguma desconsiderado ou minimizado, uma vez que o jogo que o adolescente faz o tempo todo é testar os limites, o que inclui naturalmente o limite maior, que é o da morte física.

O medo de rupturas não programadas povoa o inconsciente de muitos familiares a ponto de obstaculizar condutas educacionais mais livres e saudáveis. Como exemplo há a representação simbólica da crise da adolescência, quando a criança deve realmente morrer e ser sepultada nas memórias do passado, para que haja lugar para o nascimento de um jovem com características diferentes daquelas de criança e já candidato à maioridade, muito em breve. A dificuldade de elaborar essas transformações pode estar intimamente relacionada à dificuldade de experienciar e ultrapassar esse luto mítico.

Um sentimento de luto não precisa estar necessariamente ancorado a uma perda física, mas pode existir mesmo em circunstâncias mais abstratas, como a perda de um sonho, de um ideal, de uma profissão ou da identidade até então reconhecida. A questão está em não fugir neuroticamente dessas dores, mas em elaborar e integrar as diversas perdas que marcaram contextos individuais ou familiares.

Se não foi possível digerir adequadamente as perdas na história individual de vida, haverá muito provavelmente dificuldade de viver plenamente qualquer crise do ciclo vital, principalmente aquelas previsíveis, por trazerem em essência uma repetição daquilo que ficou como matéria reprovada no provão do emocional, no passado.

Outra coisa muito comum é o adolescente buscar a verdade inteira, o que significa que ele não se satisfaz apenas com alguma informação ou parte dela. O jovem quer ir fundo nos fatos que compõem a história de sua família, ou seja, sua história de origem, checando os dados fornecidos através de provocações, veladas ou não. As reações emocionais dos familiares atingidos por suas incitações trarão até ele as informações que faltavam para seu total entendimento do caso em questão.

O adolescente acredita mais no que vê do que naquilo que ouve, pois uma desconfiança natural e generalizada se instalou quando ele cresceu e percebeu que o mundo não era mais como acreditava ser. Os contos de fadas e as histórias contadas pelos adultos eram inverídicos, ou pelo menos parciais. E ele precisará de um certo tempo para compreender a diferença entre mentira e fantasia, entre brincadeira e traição. As tantas histórias de cegonhas e abelhinhas não eram mentiras contadas para mantê-lo afastado das delícias da experiência sexual, como tende a pensar quando se posiciona no lugar de vítima de uma grande conspiração adulta. Esse é ainda um resquício de pensamento fantasioso e megalomaníaco próprio da criança pequena.

Aqui vale lembrar que se fala de alguém na adolescência, ou seja, de um período da vida em que se ensaia o ingresso no domínio de qualidades racionais e comunicacionais através da palavra. Até a infância, muito da linguagem era não-verbal, de expressão emocional e física. Não se pode esperar um pronto desenvolvimento de qualidades cognitivas que necessitam de um período prolongado de exercício, até seu domínio.

Dessa forma, notícias importantes, que envolvem grandes eventos ou segredos familiares, não satisfarão a natural curiosidade do adolescente se fornecidas apenas em bases lógicas, em que se informa o ocorrido, ou mesmo através de abstrações e eufemismos. O jovem quer entender e para isso necessita de outros parâmetros mais concretos e emocionais. Onde a emoção é soberana, não se consegue modificar um comportamento apenas com informação. Muitas outras agravantes além da dor emocional podem entrar em cena – de acordo com o evento em si e com as características específicas do jovem e daquela família –, como negação, culpa, medo, ressentimento, raiva, dúvida, sensação de injustiça, desamparo e assim por diante.

O ADOLESCENTE E O ADOECER

O que constitui um problema não necessariamente está fora do adolescente, em seu ambiente familiar. A perda não precisa ser total como aquela representada pela morte física. Podem ocorrer perdas relativas em sua própria vida, a exemplo de algum tipo de doença crônica e incurável, como diabetes, câncer, aids, doenças auto-imunes ou outras, que exigem novas posturas diante da vida. Nesse ponto, as questões de disciplina retornam com força total, uma vez que se exige uma capacidade muitas vezes superior àquela já internalizada pelo jovem, de controle das várias condutas diárias para o controle terapêutico de determinado quadro patológico diagnosticado.

Quando o jovem adoece ao mesmo tempo em que adolesce, algumas confusões vêm à tona, como a vontade de não necessitar de ajuda, porque ele gostaria de não necessitar, mas ainda assim necessita. E a notícia do diagnóstico recente de uma doença crônica força uma reedição da própria história, com enredo presente e futuro diferente do planejado até então, o que significa perder literalmente o chão, quando se trata de adolescentes. São perdas e desconfortos que acabam dando um colorido novo a esse capítulo doloroso da biografia, que terá inegável influência sobre a elaboração de planos futuros.

Em termos psicodinâmicos se subdivide didaticamente esse momento em cinco fases principais, comuns na grande maioria dos casos em que se entra pela primeira vez em contato com um grave diagnóstico médico, seja o paciente adolescente, seja adulto.

A primeira fase é a do recebimento do diagnóstico, que envolve muita ansiedade, fazendo com que a grande maioria das pessoas lance mão de mecanismos defensivos para se livrar dela.

Via de regra, o primeiro desses mecanismos é o da negação. Ele representa uma tentativa de evitar a dor e fugir daquele sofrimento ou limitação, para que se continue a viver como se nada tivesse acontecido. Porém, pelos próprios sinais ou sintomas da doença, isso não é possível ou pelo menos não sustentável por muito tempo, o que coloca o jovem inevitavelmente em contato com a impotência perante a doença e a própria vida.

Tem início então a segunda fase, cujo novo sentimento que invade a pessoa se aproxima muito da raiva. É uma expressão do emocional, até então congelado, que surge agora com força total. A revolta caracterizará essa etapa, em que se entra em contato com o efeito emocional produzido pela novidade desagradável. É o momento dos questionamentos do tipo: por que eu? O que fiz para merecer isso? Onde foi que eu errei?

Imagine isso num adolescente. Agora imagine os pais do adolescente. Feita a catarse, a vida volta aos trilhos e é hora de definir novo plano de ação, rever metas, reorganizar a vida. Mas a perspectiva de perda continua incomodando. Ninguém gosta de perder.

Começam as tentativas de reverter esse processo doloroso, buscando-se a diminuição do sofrimento ou, pelo menos, a conquista de alguma vantagem. Está inaugurada a terceira fase, conhecida como fase da negociação ou da barganha. A pessoa afetada tenta negociar com os profissionais de saúde, com os familiares e até com o sobrenatural, através de queixas, pedidos e promessas. Porém essa fase, assim como as anteriores, está fadada a passar, pois a pessoa se dá conta de que dessa maneira não resolve o problema. Negar o problema não o resolveu. Enervar-se, reclamar e xingar também não. Barganhar, idem.

O pessimismo começa a tomar conta da cena. É o anúncio da chegada da quarta fase, que vem acompanhada de um misto de desânimo e impotência. A depressão é um momento muito difícil, que necessita de cuidados especiais, pois não raro pode envolver piora dos sintomas e evasão do tratamento, o que, dependendo da doença, é muito grave e perigoso.

Essa fase só se resolverá gradativamente, com o amadurecimento do contato da pessoa com sua nova realidade de vida, suas mudanças e perdas, prenúncio da aproximação da quinta e última fase psicodinâmica do ciclo, a adaptação. A aceitação da doença levará a uma postura mais racional diante dela, com a adoção de medidas terapêuticas e comportamentais mais eficientes e duradouras.

Entretanto, não se pode esquecer que o aspecto emocional que produziu todo esse ciclo de respostas não funciona linearmente no tempo. Poderá ocorrer a paralisação em alguma dessas etapas, ou mesmo etapas já conquistadas podem ser revivenciadas através do retrocesso psicológico forçado por algum estresse ou intercorrência que afete o equilíbrio emocional.

E isso tudo não acontece exclusivamente no reduto individual, mas engloba todos à volta, não apenas pela necessidade de cuidados especiais, de acordo com a patologia em questão, mas pelas repercussões emocionais e relacionais que afetarão a família como um todo.

As mudanças, porém, não se mostrarão definitivas de forma repentina. Na verdade, novos padrões de relacionamento são constantemente ensaiados, vêm e vão, fazendo seu próprio teste de realidade como uma autochecagem, até que os novos modelos sejam ancorados por meio da postura assumida pelos membros do grupo familiar. Significa dizer que vários momentos podem ser extremamente significativos, do ponto de vista emocional, para a construção de novos modelos relacionais, mesmo que ainda não seja possível trazê-los à consciência ou colocá-los em palavras.

A nomeação de sentimentos e impressões pessoais é uma tarefa que demanda amadurecimento psíquico, tanto que muitas vezes poderá requerer outro tipo de auxílio profissional, além dos cuidados médicos, pois é a psicoterapia que cria espaços para isso.

A capacidade de recuperação psicológica diante de um dano, trauma ou estresse sofrido chama-se resiliência e é uma propriedade que a psicologia tomou emprestada da física. Na física, a resiliência é a força que faz a mola esticada retornar à configuração inicial, uma vez findada a tração. Representa a elasticidade, a plasticidade, a resistência ao choque, que permite o retorno de um corpo a seu formato original, quando deformado dentro de seu limite elástico. A energia então armazenada é devolvida quando cessa a tensão causadora da deformação. Quanto maior a resiliência, menor a fragilidade. Com relação ao aspecto emocional de uma pessoa, não é possível estabelecer uma relação tão estreita quanto essa, mas ainda assim a inferência é exeqüível.

A RELAÇÃO ENTRE PAIS E FILHOS

Não necessariamente haverá coerência entre o emocional e o racional nos momentos de relação conturbada. Mas uma conduta tranqüila, em que as razões encontram eco em explicações lógicas, auxilia a abrandar os ânimos mais afoitos. Essa postura, apesar de ser difícil de alcançar, é das mais pedagógicas, pois fornece um exemplo prático para os jovens de como se deve lidar com questões de discórdia ou discussão. O fundamental é haver coerência interna entre aquilo que se prega e o que se faz, e entre os dois genitores, para que não se dê um nó na cabeça dos filhos, promovendo-se a abertura para atuações de checagem dessa verdade de forma prejudicial e destrutiva.

Investir na família é estreitar as relações, o que não é fácil, mas por isso mesmo pode ser muito estimulante, em especial para os jovens que adoram desafios. Essa não deixa de ser uma perspectiva interessante para abordar um tema tão espinhoso diante de uma criatura aparentemente tão resistente quanto pode ser um filho adolescente. A idéia é entrar em ressonância com os pontos positivos do processo e tomá-los como vantagens, por exemplo, explorando a criatividade e o lado lúdico da situação. Essa é uma forma saudável de estabelecer uma comunicação em que realmente se pretende ser ouvido. Para tanto é preciso utilizar uma linguagem compreensível pelo outro, e ainda assim não haverá nenhuma garantia de compreensão do conteúdo veiculado.

Em momentos de grande sofrimento ou estresse prolongado, tende-se a perder a memória dos eventos bem-sucedidos, pairando uma aura pessimista ou negativista sobre as pessoas envolvidas nas crises de crescimento. Nesse ponto reside a importância de uma família bem constituída. Em primeiro lugar, porque quando se fala de problemas relacionais entre apenas duas pessoas a carga da desavença fica muito pesada para ambos, devido à dificuldade de sair de um impasse. Por exemplo, quando um dos pais tem condições de dispor de outras pessoas, como o cônjuge ou outros filhos, as responsabilidades podem ser divididas e novos pontos de vista agregados, o que auxilia no processo de circulação daquela energia que de outra forma permaneceria em circuito fechado, talvez infinitamente. Em momentos críticos, qualquer pessoa pode perder suas mais arraigadas perspectivas de como deve ser um relacionamento saudável, entrando com tudo no calor de uma discussão.

Um fator importante que não se pode perder de vista é que para qualquer pessoa existe uma história, que inclui a dimensão familiar que a contextualiza e lhe fornece um sentido maior. Uma imagem interessante para esse momento de comunhão é aquela evocada pela palavra "companhia", cuja origem latina *com panis* remete ao ato de dividir o mesmo pão, quer seja como alimento para o corpo, quer seja para a alma.

No entanto, vários são os desencontros. Um exemplo é a forma de relacionamento entre pais e filhos adolescentes, que muitas vezes esconde um paradoxo. Há um contra-senso entre o alargamento do período da adolescência para fornecer condições adequadas ao completo desenvolvimento das potencialidades do jovem, ao mesmo tempo em que se ampliam as cobranças de uma evidente precocidade. É como se alguns pais roubassem o fogo da transgressão dos jovens e quisessem eles mesmos romper os limites estabelecidos pela sociedade em geral, por meio da precocidade manifesta no desenvolvimento das qualidades de seus filhos.

Assim, alguns genitores incorrem no erro antipedagógico de fornecer informações dúbias e contraditórias a seus educandos. Por exemplo, tratam ou ensinam de um jeito, mas na verdade esperam que o filho entenda que é para se comportar de outra forma. É o tipo da mensagem "seja independente, desde que seja debaixo das minhas asas" ou "não é correto você fazer isso, mas se fizer eu não me importarei" e assim por diante.

AS CONVERSAS

Muitas das conversas entre pais e filhos pecam justamente pelo fato de os pais buscarem no adolescente a cumplicidade e a capacidade de compreensão que teria um adulto, já envolvido com as mesmas questões. São frases do tipo "você sabe como são essas coisas". Ou há ainda o outro extremo, que nega completamente não só a cumplicidade da relação como também a capacidade de compreensão do adolescente, resumindo a história em "quando você crescer, vai entender".

Esses exemplos extremados dão um panorama claro de que o adolescente não está sozinho na necessidade de amadurecer a capacidade de contato com a realidade e com o outro. O aumento da idade cronológica não é garantia de lição feita na escola da vida. Por isso, todos os pais cometerão erros na educação dos filhos, que na verdade não são erros, mas oportunidades de crescimento para ambos, pais e filhos. O contato intergeracional forçado pela educação dos filhos produz o amadurecimento não apenas de uma das partes envolvidas, mas também do conjunto todo. Diferentemente dos animais, que já sabem pelo instinto o que fazer mesmo antes de parir, nós, seres humanos, lutamos a vida inteira para aprender. Isso amplia o velho slogan para: "Não basta ser pai. Tem que errar e acertar junto".

É interessante observar que "conversar" e "amar" podem ser palavras consideradas sinônimas, até pelo fato de ambas terem se tornado vagas e vazias de significado pelo uso indiscriminado que se faz delas. A grande maioria das pessoas com dificuldades de relacionamento, quando questionadas se conversaram a respeito, respondem prontamente que sim. Essa afirmativa, no entanto, não resiste a um par de outras perguntas mais específicas. O próprio dicionário reflete o vazio significativo aplicado à palavra "conversa" e adiciona traduções como falsidade, insinceridade, propósito ou proposta de pessoa que não tem realmente a intenção de cumprir o que diz. "Aquilo era só conversa dele" significa que ele mentiu. Significa que a palavra, como veículo principal de nossa cultura, é despotencializada. E essa é uma das raízes da solidão que nos faz sentir literalmente falando sozinhos.

Uma forma saudável de estabelecer a verdadeira intimidade numa relação é por meio da conversa aberta e franca, que inclui alegrias e conflitos vivenciados em conjunto ou mesmo compartilhados apenas através de seu relato.

O pior é que em alguns lares o que se faz não é nem conversar, mas converter. Se não se buscou antes ouvir para depois falar, não tem conversa, pois não há ponto de encontro. O jovem não é um cheque pré-datado que só valerá no dia da compensação. Não vale apenas pelo futuro que os pais sonham para ele. Tem valor hoje, agora.

Cabe ressaltar ainda que "conversar" difere de "falar" ou "dizer", que simplesmente indicam a emissão de uma mensagem verbal na presença implícita de um ouvinte. "Conversar" implica mais que isso, pois envolve a troca de opiniões e idéias numa comunicação oral, em que pontos de vista são compartilhados e todos podem falar e ser ouvidos.

Assim, o jovem poderá ouvir e responder. A responsabilidade é a capacidade de responder, de responder por si e pelos próprios atos, falar por si. Isso é liberdade. Mas é uma liberdade conquistada com esforço, frustração, sabedoria, temperança, determinismo, respeito, ajuda, conversa e muita, mas muita experiência. Não há liberdade sem responsabilidade.

A liberdade começa a ser exercitada quando os responsáveis pela educação daquela pessoa são capazes de escutar para conhecer melhor aquele a quem direcionarão suas dicas e informações. E mais, são capazes de oferecer alternativas, pois podem ainda não ter captado adequadamente a essência daquele que educam. Dessa forma, busca-se um ajustamento que permite que o ser em formação encontre terreno fértil para brotar com todas as suas potencialidades.

Esse é um dos motivos pelos quais uma forma de criar os filhos pode ser restritiva, apesar de motivada pelas melhores intenções de pais dedicados. Não basta a intenção. A educação será constituída principalmente por ações e pela explicação das intenções. Restringir as opções futuras de uma criança ou jovem, devido aos sonhos ou anseios pessoais dos pais, é uma violência, já que se pode estar justamente na contramão das possibilidades e dos desejos reais desse jovem. Por isso, a conduta mais saudável é oferecer alternativas para que o crescimento a partir do interior seja estimulado.

A VERDADE, MAS QUE VERDADE?

Nos passos que envolvem o abandono progressivo da idade da dependência — ou seja, a infância — para a idade da dependência parcial — a adolescência — ou ainda para a vida adulta, inclui-se o abandono da fantasia e do pensamento mágico com a aproximação gradual da realidade, com suas maravilhas e seus limites. Ensinar a enxergar as potencialidades e as limitações em si e no mundo é uma conduta profilática, pois, além de produzir indivíduos mais bem preparados para a vida real, ajuda a diminuir o inevitável sofrimento que advém de esperanças impossíveis. Sonhar com um mundo melhor é muito diferente de acreditar num mundo que não existe. Construir castelos de areia é maravilhoso. O problema está em quando se decide morar neles.

O conceito de verdade é muito complexo, dada a interferência direta do fator subjetividade, que determinará as possibilidades de cada um na construção do entendimento da realidade. A aproximação progressiva dos conceitos de verdade e de realidade constitui mais um dos paradoxos do período da adolescência. O jovem quer viver a verdade, anseia por isso e se lança com toda a força a criticar a hipocrisia dos adultos, especializando-se em colocar o dedo na ferida alheia. Mas isso é apenas o começo de uma longa história na qual ele ainda engatinha. Não só o jovem não sabe o que significa o conceito de verdade, como nem imagina que muitos adultos também não o saibam. Não tardam, porém, a aparecer as primeiras situações de confronto com essa nova experiência.

Quando vai namorar ou flertar, o jovem idealiza seu objeto de amor e se empenha em ajudá-lo a também idealizá-lo. No começo do namoro, o esforço está concentrado no sentido de mostrar apenas o que se tem de melhor e em ocultar ao máximo as possíveis falhas. Está lançada a receita do fracasso, pois todo encantamento um dia acaba. Todos nós estamos fadados ao amadurecimento. Vai-se do sonho à realidade, quando não ao pesadelo, em um salto.

Mas isso não necessariamente é "coisa de adolescente", conforme se diz com freqüência em tom pejorativo. Tudo o que é imaturo é tachado como "coisa de adolescente", embora possa ocorrer o mesmo em idades mais avançadas. A idade cronológica como dado numérico isolado, conforme foi dito anteriormente, não é garantia de amadurecimento emocional. Tudo dependerá de como cada um utiliza a experiência em seu favor. A crítica dos mais velhos com as ditas "coisas de adolescente" pode muito bem ser o ranço de um mal-estar antigo que jazia oculto sob camadas de suposta adaptação social e retorna à luz sob o estímulo direto da impetuosidade adolescente.

Todos necessitam de fantasias e sonhos, desde que não se dêem à custa da negação da realidade interior e exterior de cada um. Existem coisas que não se restringem a faixas etárias, mas são do ser humano e estão em movimento, renovando-se continuamente, de modo a reciclar o lixo guardado há anos.

É falso acreditar que não há conflitos só porque não se fala neles. Exatamente a mesma coisa faz o adolescente apaixonado quando expõe apenas seu lado bonito de apreciar. A harmonia do silêncio é aparente e os problemas continuam lá dentro de cada um, torturando-o individualmente ou minando secretamente suas relações. Nem tudo é como se gostaria que fosse ou somente até onde se consegue observar.

O psicanalista Wilfred Bion deu especial relevância à questão referente à verdade, considerando-a essencial para o desenvolvimento psíquico e ressalvando que o amor sem a verdade não é mais do que uma paixão, e a verdade sem o amor não passa de crueldade.

A INTIMIDADE

No que tange ao aspecto pedagógico da relação parental, a franqueza deve ser fomentada dentro de casa e não se resume apenas ao desenvolvimento de qualidades para lidar de forma adequada com o mundo exterior. Ela se refere, inclusive e principalmente, a um instrumental útil para o manejo de questões de natureza interior.

Um exemplo disso é a intimidade, que como outras capacidades individuais também é desenvolvida no cotidiano, durante a formação da própria identidade. Aliás, a capacidade ou não de ter intimidade nos relacionamentos é uma característica de personalidade, que diferenciará um indivíduo de outro. Cabe, no entanto, lembrar que a intimidade deve passar bem longe da intimidação.

Ensinar intimidade ou qualquer outra forma de lidar com emoções e sentimentos é muito mais difícil que ensinar limites ou como se relacionar com o mundo. Não se trata de um exercício apenas verbal, mas antes de ensinar através das atitudes. Passar uma postura ética, moral ou emocional só é viável quando a pessoa que se propõe a ensiná-las possui essas mesmas qualidades, já amadurecidos. Em outras palavras, não é possível partilhar aquilo que não se tem.

Pais que acreditam que ensinar intimidade é dizer ao filho que ele não deve interferir nos assuntos dos outros, que não deve mexer nas coisas dos irmãos nem entrar nos lugares antes de bater à porta, sem que eles mesmos tenham essas atitudes incorporadas em seu cotidiano, não só não estarão ensinando nada de positivo como darão um nó na cabeça do filho. Dizer essas coisas ao mesmo tempo em que se faz exatamente o contrário, como entrar no quarto do filho sem antes bater à porta, mexer em suas coisas sem autorização ou envolver-se deliberadamente em questões com seus amigos sem antes conversar com ele, representa uma dupla violência. A primeira pela invasão de privacidade e a segunda pela distorção de valores numa educação marcada pela parcialidade. Tanto a mentira quanto as mensagens contraditórias são prejudiciais e totalmente desaconselhadas em qualquer processo educativo, seja ele doméstico ou não.

A questão não é deixar ou não os filhos entrarem no quarto dos pais ou ainda dividir particularidades do casal com os filhos. O ponto em discussão é a coerência. Não é possível os pais quererem agir como liberais se não são assim. Mesmo porque não conseguirão articular de forma natural o que emergir dessa composição artificial.

Não há dano em ser sincero. Não será prejudicial se um pai se recusar a compartilhar de uma questão com a qual ele não lida de forma tranqüila, se puder expressar isso justificando sua postura e, se possível, buscando auxílio externo. Essa já é por si uma postura educativa que ensina a franqueza e exercita a proximidade.

Já as mensagens de duplo sentido formadas por comunicações paradoxais com informações incongruentes são muito mais perniciosas, mesmo quando subliminares. Um bom exemplo é quando uma pessoa pede algo a outra e expressa fisicamente que não espera que aquilo se realize. É como se o resto do corpo se recusasse a acompanhar o movimento dos lábios e expressasse sua oposição, por exemplo, com um tom de voz baixo e reticente, ao comunicar o que deveria ser uma certeza, ou apresentar uma postura corporal contraída e fechada ao mesmo tempo em que pede um abraço. O conteúdo da mensagem transmitida está, portanto, em franca oposição à relação não-verbal que se estabelece.

A mãe que chama o filho para sentar-se em seu colo e o faz com um tom de voz ou postura corporal que sugere exatamente o contrário, ou seja, que ele permaneça afastado, cria um dilema. O filho é então incapaz de responder satisfatoriamente a dois pedidos contraditórios veiculados simultaneamente, caindo na armadilha de deixar a mãe igualmente insatisfeita, seja qual for a atitude tomada a partir de então. Dessa forma, mensagens contraditórias ou paradoxais emitidas pelos pais invariavelmente deixam a criança no papel de perdedora e num estado de confusão e desqualificação.

Isso não ocorre apenas na relação com as crianças, mas também com adolescentes e até mesmo entre adultos. A diferença é que, por mais arteira ou agitada que seja uma criança, é aos pais que ela sempre retorna para garantir sua subsistência física e emocional. É com os pais que ela retoma sua base de proteção, aconchego, afeto e segurança e se submete à autoridade deles, seja pelo amor, seja pela dor, seja pela confusão, de acordo com o estilo adotado em cada família. O fato é que existe um foco, já que a criança sempre volta a atenção para os pais, sua referência absoluta. E a repetição faz o hábito.

GERAÇÕES DIFERENTES

Com o advento dos primeiros sinais da chegada da puberdade, muito desse padrão de comportamento começa a se volatilizar até se perder completamente nos novos ares trazidos pela maturidade. Os pais deixam de constituir aquela referência segura e inquestionável, não sendo nem mesmo consultados em questões de grande abrangência. Não só os pais mas os adultos de forma geral passam a não ser as pessoas mais adequadas, do ponto de vista do jovem, para conversar quando há dúvidas sobre questões cabeludas, como sexo, drogas, amizades, entre tantas outras. Não existe transgressão após a prévia consulta ou autorização dos adultos, quando é justamente o mundo adulto que se pretende atingir. Aí não é transgressão. Então não mais é possível falar tudo com os adultos, algo difícil de os pais entenderem.

Além de muitos deles já terem se esquecido da própria adolescência, não contavam com o resultado obtido com a colheita dos paradoxos semeados no passado, o que se reflete em questionamentos do tipo: "Como meu filho se sente sozinho, se ele recusa minha companhia?" Ou: "Por que ele não me conta o que sente e depois reclama que eu não o compreendo?" Ou ainda: "Por que ele não escuta o que eu digo?"

Como os adultos de hoje já questionaram os pais um dia e hoje, teoricamente, já resolveram esse assunto, acreditam que os filhos não precisam passar pelas mesmas coisas que eles, podendo ir direto ao nível de compreensão que já adquiriram. O que falta compreender, no entanto, é que algo que está claro para eles, e levou algumas décadas para aclarar, não o está para os filhos, que se encontram em outro momento evolutivo. Eles também necessitarão de suas décadas de erros e acertos para atingir o mesmo estágio de tranqüilidade que alguns pais veteranos já atingiram à custa de muitos tropeços por também não ouvir os pais. Mas foram os tropeços de então que moldaram a personalidade que esses adultos têm agora.

Os pais de hoje acham que só seus pais estavam errados e mereciam ser contestados. Como isso já foi feito, o assunto estaria teoricamente resolvido, e não se fariam mais necessárias novas oposições e resistências. Ledo engano. Os novos pais são a bola da vez. Estarão errados e obsoletos, ainda que cobertos de razão e o mais atualizados possível. Muitas vezes, mesmo no caso de pais mais liberais e abertos ao diálogo do que seus antepassados, os filhos insistem em não querer endereçar-lhes questões de foro íntimo.

Sob a ótica dos pais, esses filhos estão sendo injustos, agindo de forma equivocada. Para os filhos, o erro pode estar nesses pais, tão adequados que acabam dificultando a manifestação de qualquer tipo de rebeldia. O filho precisa contestar, e um genitor será compreensivo, sob o ponto de vista do adolescente, quando fornecer subsídios que propiciem a livre manifestação dessa necessidade natural de oposição.

A partir dessa faixa etária, os filhos preferem outro tipo de contato físico e social, outro tipo de passeio, outro tipo de aconchego. A família de anjos se foi: a do anjinho do filho e a de seu pai anjo da guarda. Os vôos agora são outros. O adolescente passa a preferir o contato e a troca afetiva com os amigos a fazê-lo com os pais, o que representa o exercício saudável para a saída progressiva de casa, que culminará com a formação do próprio clã. A arte de ser pai e mãe é aquela de se fazer cada vez mais desnecessário.

Dia após dia, desde o nascimento do filho, o casal buscou aprender as melhores formas de educá-lo e proporcionar-lhe uma vida exemplar. De repente, parece que tudo o que aprenderam sobre aquele filho e sobre como é ser genitor daquele filho deixa de fazer sentido. Esse é um processo muito difícil para os genitores, pois envolve a perda de uma identidade construída durante anos. Aqui, exatamente, é o ponto de encontro do processo presente com a adolescência passada dos pais.

O luto da identidade de genitores de criança para o nascimento da identidade de genitores de adolescentes se processará de forma mais adequada quanto mais adequada tenha sido sua elaboração passada do luto de criança, para também se tornar adolescente a seu tempo. Ou seja, há um reavivamento de emoções passadas muito poderosas que seguramente darão um colorido especial àquilo que está sendo presentificado. Dessa forma, processa-se uma observação ampliada do processo maior catalisado pelo jovem sobre o desenvolvimento psicológico de toda a família. A transformação de um elemento traz os subsídios para a transformação concomitante daqueles que estão à sua volta. E o inverso também é verdadeiro, ou seja, a transformação dos que estão à volta do jovem influenciará em seu processo, explicitando um mecanismo de retroalimentação cíclica.

ASSIM CAMINHA A HUMANIDADE

O jovem irá compor o panorama do gradativo desligamento dos laços parentais com uma posição de desilusão e questionamento sobre instituições adultas como religião, política, sistema escolar e relacionamento humano, contestando-as. Como sua concepção de mundo se modifica consideravelmente, ele se sente enganado por acreditar que a verdade foi-lhe intencionalmente ocultada. Ele acreditava num mundo que não existe e se esforçará por reconstruí-lo, lutando contra tudo e contra todos, entregando-se de corpo e alma a essa aventura.

Porém, qualquer forma de um filho sair de casa tende a chocar e assustar a maioria dos pais, dada a aparente precocidade de toda essa manifestação. Na verdade, quanto mais irruptiva ela parecer, mais distantes os pais estiveram dos filhos durante seu processo de crescimento e preparação para a jornada. E se estiveram distantes antes, não será agora, no momento da separação, que obterão êxito com estratégias de proximidade. Se não se aproximaram como pais antes, agora talvez consigam se achegar apenas como adultos, estabelecendo padrões de relacionamento sobre bases diferentes daquelas de pais que reforçaram os laços afetivos desde o início. Todos os pais, os que estiveram próximos e os que foram mais ausentes durante o crescimento do filho, chegarão ao mesmo fim, que é perder o filho para o mundo, para outra família, para uma nova história de vida. Por isso, precisam desenvolver a capacidade de ver os filhos como realmente são, e não como gostariam que fossem. O mesmo vale para a vida com suas regras evolutivas. Elas são o que são, e é preciso estar em sintonia com a natureza humana para passar por esses processos com um mínimo de sofrimento desnecessário.

Muitas vezes, o comportamento de tudo ou nada do adolescente, além de estar construindo uma imagem de si mesmo e do mundo a seu redor, pode expor a distância e o desprezo que ele sente pelos adultos e por sua forma de viver. Quando um jovem nega a possibilidade de assumir uma postura típica da vida adulta, pode revelar sua dificuldade em lidar com os valores adultos que conhece e, logo, de introjetá-los, o que não raro resulta em sentimentos de inadequação e revolta ou mesmo em quadros depressivos. Por sua vez, para os pais fica extremamente difícil perceber que aquele filho que um dia foi alegre e ativo se transforma progressivamente numa personalidade pessimista ou passiva diante da vida, pois isso também ocorre e com freqüência.

Infinitas são, portanto, as disposições e composições possíveis, pois o ser humano e seu destino são verdadeiras caixinhas de surpresa. Mas algumas modificações gerais já se delineiam com maior clareza. Uma delas é que o modelo familiar nuclear com pai e mãe unidos se encontra em franca extinção, o que não é inócuo à constituição psicológica humana vigente. O modelo atual é alternativo, composto principalmente de pais separados, fazendo-se referência aos filhos das várias uniões como "os meus, os seus e os nossos". É uma forma de concretização do ideal da pós-modernidade, em que a globalização atinge a família, que passa a ser constituída por laços de outra ordem. Mas os pais terão esse papel para o resto da vida dos filhos, mesmo que constituam novas famílias, pois o ser humano muda, se separa e se aproxima de novo. Na dança da troca de parceiros, os descendentes diretos não perdem o compasso.

Nessa mistura de sangues e origens, novas interrogações ganham força, como no caso de casais transculturais, com a união de valores díspares, em que se falam línguas diferentes, come-se e bebe-se diferente, criam-se filhos de forma diferente, entre tantas outras coisas, engrossando o caldo dos desafios da vida em família.

Mas, como se costuma dizer, quanto mais dura a pedra, maior o brilho que se pode extrair dela. A adversidade é capaz de lapidar os espíritos mais tenazes, produzindo jóias de inestimável valor.

Sociedade, Artes e Música — Mostra a Tua Cara

Já faz tempo, eu vi você na rua,
cabelo ao vento – gente jovem reunida.
(Na parede da memória, esta
lembrança é o quadro que dói mais.)
Minha dor é perceber que,
apesar de termos feito tudo, tudo,
o que fizemos
ainda somos os mesmos e vivemos...
ainda somos os mesmos
e vivemos como os nossos pais.

COMO NOSSOS PAIS
Belchior

Segundo Fritjof Capra: *"Ao desenvolvermos nossa capacidade de pensamento abstrato num ritmo tão rápido, parece que perdemos a importante aptidão para ritualizar conflitos sociais. (...) A evolução da consciência deu-nos não só a pirâmide de Quéops, os Concertos de Brandemburgo e a teoria da relatividade, mas também a queima de bruxas, o holocausto e a bomba de Hiroshima".*

A ritualização dos conflitos sociais como sabedoria de gerações passadas e até de grupos de animais parece estar em extinção nos seres humanos modernos. O progressivo afastamento do meio ambiente natural, falando em termos bem amplos, tem potencializado um tipo de amnésia seletiva que nos faz esquecer da nossa natureza e origem. E não é apenas o meio à nossa volta que sofre com isso, pois não existe mais esse conceito de meio externo a nós. A afetação e destruição de qualquer elemento de um conjunto produzirá repercussões sobre o sistema como um todo.

O homem primitivo vivia em um mundo caótico, do qual ele muito pouco conhecia, mas sabia não possuir controle algum. Com o passar dos anos, o ser humano foi adquirindo maior conhecimento sobre seu mundo exterior e sua realidade interior. Curiosamente, seguindo a máxima socrática de que quanto mais se estuda, mais se sabe que menos se sabe, a insegurança e a vulnerabilidade subjetiva dos homens parecem ter aumentado em vez de diminuir. O que se observa nos dias de hoje são pessoas que, cada vez mais, vêm perdendo a capacidade de compaixão e o sentimento de grupo social. Mata-se por muito, por pouco ou até por nada. Já se veicularam fartamente pela mídia casos de adolescentes que se divertem ateando fogo em mendigos, espancando homossexuais, estuprando garotas, jogando roleta-russa, brigando na rua e depredando o patrimônio alheio. O que estaria acontecendo com esses jovens?

Há algumas décadas, ventilou-se uma teoria que considerava a delinqüência juvenil uma psicopatologia resultante do excesso de ócio, levando ao cometimento de crimes por diversão, em busca de excitação emocional. Não se pode excluir completamente essa possibilidade, mas seguramente esse é um modelo teórico parcial muito distante de uma prática multifatorial, que abrange variáveis estruturais do indivíduo e do contexto onde ele se insere. São fenômenos que envolvem um universo físico, psicológico e cultural.

A crise da adolescência caracteriza-se por alguns comportamentos francamente desadaptados e assustadores, como negligência corporal, oposição aos adultos, somatizações múltiplas, idealismo ascético, vocações religiosas, recuos autísticos e intolerância à frustração, entre outros, variando de caso para caso. Mas isso tudo deve compor um quadro de normalidade evolutiva momentânea, uma vez que toda essa irregularidade e imprevisibilidade no comportamento do adolescente é o resultado de um processo maior de acomodação de seus mecanismos de defesa psíquicos, profundamente abalados pela reviravolta provocada pelo próprio crescimento.

Sentimentos de desespero, abandono, impotência e desesperança podem parecer um túnel sem saída, tornando aceitáveis, consciente ou inconscientemente, caminhos como o adoecimento físico ou psicológico e até a morte, como alternativas potenciais de solução. O movimento interno intenso provocado por todas essas mudanças de perspectiva costuma compor situações desencadeadoras de conflitos psíquicos infantis não resolvidos, determinando muitas vezes a regressão no comportamento observável. Ou esses mesmos distúrbios de origem infantil podem estar se manifestando pela primeira vez na adolescência, devido à presença do fator ansiedade como detonador psíquico.

Alguns transtornos podem se manifestar a curto prazo ou permanecer em germe, retornando somente em idade mais avançada, dado o desgaste natural ou não do organismo e de suas defesas. Tanto os sentimentos saudáveis de uma expectativa positiva quanto seu reverso patológico são trazidos à tona pelo organismo em processos biológicos correspondentes. Corpo e mente não são mais duas instâncias separadas e autônomas, como se acreditava no cientificismo cartesiano.

O enfrentamento dos pontos de desequilíbrio de forma honesta e direta, trazendo a verdade como recurso de acesso a esses jovens, é altamente terapêutico no sentido de explicitar e nomear o que se passa. Distúrbios ou desequilíbrios não nomeados, ignorados ou guardados como preciosos segredos não servem senão para aumentar a angústia, a solidão e a desesperança. É preciso que se dê o contorno real a esses pontos de dor, para que sejam apenas o que realmente são, não se tornando o substrato ideal para o crescimento desordenado de toda ou qualquer projeção mental deslocada. Gasta-se mais energia e lágrimas escondendo um segredo do que vivendo a sua dor, o que ainda serve para minar o desenvolvimento de autoconfiança e esperança no futuro.

FORÇAS DE ATRAÇÃO E REPELÊNCIA

Somos seres de natureza social. Somos gregários, pois necessitamos, física, emocional e mentalmente, de contato direto com outros seres humanos. Porém, isso não é suficiente para neutralizar forças instintivas poderosas.

A agressividade, por exemplo, é um desses instintos que fazem parte do patrimônio humano e se evidenciam principalmente em algumas fases da vida, como na adolescência. Ela pode ser muito útil se canalizada no sentido de romper apenas os entraves desnecessários, dissolver os pontos obscuros, eliminar as diferenças, além de outras desconstruções necessárias.

Agressividade e violência, no entanto, não são sinônimos. A agressividade é uma força natural e instintiva de proteção e manutenção da espécie que atravessa toda a história da humanidade, desde sua inauguração. Deriva do latim *ad gradior* e representa um movimento para a frente, o que se pode relacionar tanto com uma forma de defesa como para indicar a força propulsora da ambição, estando, portanto, incluída na pulsão de vida, conforme definida pela psicanálise.

Já a violência é a agressividade fora de controle, que pode se manifestar sob várias formas — física, verbal, moral, sexual, entre outras —, representando a pulsão de morte, diametralmente oposta à anterior.

A violência física ocorre quando faltam as palavras e não se consegue expressar os sentimentos de forma verbal. Toda a energia mobilizada sai pelo caminho da ação direta e pode produzir efeitos devastadores. Assim como um animal ferido ou acuado se torna mais agressivo como mecanismo de autopreservação, esse tipo de resposta também pode ser encontrado entre os seres humanos. A adolescência como um momento de crise específico do ciclo vital potencializa o aumento de respostas hostis por parte de alguns jovens mais do que de outros, de acordo com as suscetibilidades individuais e circunstâncias contextuais. As diferenças de respostas estão muito relacionadas às variações nas estruturas intra e interpsíquicas de cada um.

Os caramujos, por exemplo, cada vez que se submetem a um crescimento significativo do corpo, devem abandonar a segurança de sua concha calcária e permanecer por algum tempo com o corpo mole exposto, até dispor de nova concha que preencha os requisitos da adequada proteção corpórea. Esse é um período de crise desses moluscos, que evitam qualquer tipo de exposição, dada sua vulnerabilidade aumentada.

O mesmo paralelo pode ser feito com a passagem adolescente, em que ocorre a troca da concha da infância e a pessoa permanece por um bom tempo vulnerável até encontrar a segurança de uma concha mais apropriada ao feitio adulto. Esse período de certa nudez será acompanhado por várias nuances comportamentais que não necessariamente comporão o perfil psicológico do adulto futuro. Muito do conjunto de atitudes e reações representa apenas respostas adaptativas a uma circunstância nova e transitória de estresse elevado. Então, não raro, pululam as respostas de hostilidade difusa ou direcionada com tendência ao isolamento, condutas anti-sociais, estereotipias e auto-agressividade representada por automutilações, bebedeiras e entorpecimento.

Cada adolescente é um e como tal deverá ser tratado. O importante é que sejam levadas em conta suas dimensões físicas e psicológicas e também suas manifestações sociais e culturais, porque justamente nesse momento essas qualidades estarão sendo desenvolvidas com força total. Por mais que toda essa crise, que deve atingir também o âmbito escolar, mascare a formação e os progressos da inteligência, ela existe, e deve-se apostar nela. Ir mal na escola pode ser mais uma forma de contestação ou prova de força do que um desajuste emocional ou déficit intelectual. Um dado não pode ser considerado isolado do contexto em que se insere. No caso de problemas de baixo rendimento escolar, é preciso que se analise que uso o jovem poderia estar fazendo dessa situação em particular, dentro do contexto maior em que vive.

DIFERENCIAÇÃO SOCIAL

Falar em sociedade implica necessariamente falar sobre diferenças e semelhanças e como elas são arranjadas e manejadas. Um dos termos técnicos utilizados para isso é o da diferenciação social, que significa o reconhecimento e a instituição, em dada sociedade, das diferenças entre grupos ou categorias de indivíduos. É a transformação de uma condição mais geral e heterogênea de agrupamento para outra de maior especificidade e homogeneidade em grupos de menor monta. É claro que nem todas as diferenças entre os indivíduos darão ensejo a categorias de diferenciação social.

De um lado, existem as qualidades ou características pessoais e suas infinitas combinações, distinguindo um indivíduo do outro. Do outro lado, há características que podem ser partilhadas em algum grau por determinado número de indivíduos. Por exemplo, o temperamento, a altura, o peso, a cor dos olhos e dos cabelos, aspectos que muito raramente levarão a uma diferenciação social, mas podem constituir um problema quando tratados de forma discriminatória.

A diferenciação envolve o fato de se pertencer a grupos específicos ou categorias, definindo uma posição dentro da sociedade. Dessa forma, entram em jogo variáveis como estratificação econômica, classes sociais, papéis sociais, posições hierárquicas, importância social, etnia, religião etc. A questão da distinção por geração ou idade, como variável no processo de diferenciação, é o que interessa para melhor avaliar a posição social em que se encontra o adolescente.

Na maioria das sociedades ocidentais modernas, é comum a distinção simplificada em quatro estágios: infância, juventude, meia-idade e idade avançada. Mas a definição clara dessas fases do ciclo de vida pode variar consideravelmente de uma cultura para outra, assim como as atitudes para com os membros de cada estágio etário. Nas atuais sociedades industrializadas, os pontos de transição de uma faixa etária para outra estão menos definidos, variando com o tempo e a demanda, e mais atrelados à esfera social do que a fatores biológicos.

A infância caracteriza-se pela necessidade constante de cuidados primários como alimentação, higiene, segurança, afeto, educação e resguardo. Na passagem para a adolescência, o jovem continua estudando e segue dependente, porém agora com outra qualidade, principalmente no que diz respeito a cuidados básicos. Não se verifica mais uma ruptura brutal como havia em sociedades primitivas, em que o jovem partia dos jogos e brincadeiras diretamente para o trabalho e o casamento. Com o desenvolvimento da civilização, essa passagem foi atenuada para o adolescente, permitindo-lhe maior tempo de experimentações, mas promovendo uma extensão nos cuidados oferecidos por seus genitores.

Tal fato pode ser observado com maior clareza a partir da revolução industrial, com a maior complexidade e especialização das tarefas, o que demandou progressivamente maior nível de preparo e estudo. Como a economia americana é a grande alavanca desse processo de capitalização e conseqüente especialização de mão-de-obra, surgiu uma falsa especulação sobre o termo "adolescência" por ser essa a geração que não trabalha. Supunha-se que o termo inglês *adolescence* derivasse etimologicamente de *less*, cuja tradução literal é "fazer menos", o que não corresponde aos fatos. A palavra tem origem latina e portanto é muito mais antiga que o próprio descobrimento da América.

De qualquer forma, continuamos a viver sob o sistema capitalista, em que a demanda por estudos e melhor preparo profissionalizante aumentou significativamente e o período de adolescência continua se alargando progressivamente. Em termos legais e políticos, fala-se numa maioridade cuja idade-limite está bem estabelecida, mas varia com a atividade em questão, como votar, dirigir automóveis, casar, adquirir bebidas alcoólicas e cigarros.

Física e emocionalmente, está-se diante de um adulto que ainda não é capaz de arcar com os custos da própria subsistência e, portanto, não abandona o lar parental nem constitui família autônoma. A fase do desenvolvimento psicológico inicial e mais desagradável para o convívio familiar, que é aquela marcada pela oposição e revolta devido à necessidade de se diferenciar do grupo, já se foi faz tempo. Sua personalidade está formada e a convivência em família pode ter se tornado novamente pacífica e agradável. Mas continuam os aspectos de amadurecimento de formação do adulto que não se concretizaram.

O aumento demográfico de adolescentes, acrescido do alargamento dessa fase de vida, tem contribuído para a criação de demandas sociais específicas voltadas ao adolescente. A grande reestruturação de valores sociais promovida pela cultura *teen* (*teen* é a redução de *teenager*, termo inglês criado nos anos 50 para adolescência, que vai dos 13 — *thirteen* — aos 19 — *nineteen* — anos) tem afetado também as outras gerações.

Algumas sociedades tradicionalistas tendem a valorizar muito mais o indivíduo mais velho por causa do acúmulo de experiência e conhecimento. Porém, as sociedades industriais modernas ou mesmo as sociedades virtuais pós-modernas tendem a valorizar o crescimento rápido, a transformação quase instantânea do conhecimento, dando um lugar de destaque aos jovens, que melhor se encaixam nessa nova velocidade de mutação e na ilusão do novo.

ADOLESCÊNCIA LONGA

Esse fenômeno de inchaço dos ditos anos dourados é um reflexo direto dessa angústia diante do aspecto descartável da relação humana no âmbito do trabalho. Em nível microssocial, há um indivíduo em crise. Em âmbito macrossocial, vive-se em uma sociedade cujas questões de empregabilidade e desenvolvimento profissional constituem uma enorme crise mundial.

A angústia gerada pela coincidência dessas duas crises gera o desejo de postergar pelo menos uma delas como medida de redução de danos e de sobrevivência psíquica. Só que a única crise passível de alterações a curto prazo é a microssocial, o que não ocorre sem um custo.

É o que se vislumbra com a engorda do período da adolescência quanto à dificuldade de muitos indivíduos para completar seu desenvolvimento emocional e diminuir o nível de dependência da família de origem, assumindo sua autogestão. Hoje se vive na eterna busca de conhecimento e na sensação de que ainda não é tempo de parar de estudar e assumir a responsabilidade de um trabalho.

Claro que é preciso estudar sempre, estar aberto para aprender não só com a experiência, mas também buscando informações de qualidade e atualizadas. Não há nada de errado com o franco desenvolvimento intelectual, seja em que geração for. A questão é que o ensino formal tem se prolongado, idade adulta adentro, principalmente nas classes econômicas mais favorecidas, em detrimento do mergulho no mundo profissional e de auto-subsistência. Aliando-se a tudo isso o fato de a intelectualização ser o mecanismo de defesa psíquico predominante no jovem, firma-se o ambiente ideal para barrar o amadurecimento emocional e afetivo. A atividade intelectual passa então a ser utilizada como proteção contra perigos internos, representados por conflitos que se pretende manter ocultos ou negados, e não como alavanca de progresso, como se poderia supor numa avaliação mais ligeira, o que não representa um fator isolado.

Na verdade, assenta-se uma questão mais abrangente, já que se tem adiado o ingresso no mundo do trabalho, assim como as ligações afetivas estáveis, sejam elas casamentos ou não, e a procriação. O adiamento de todos esses projetos de vida adulta reflete a insegurança social dos jovens para ingressar na comunidade que até então desconheciam, além do despreparo dos genitores para fornecer condições adequadas a essa transição.

Os pais não precisam ser doutores nem experts, mas sensíveis às múltiplas influências que afetam o jovem como um todo, para estar junto dos filhos nesse delicado momento, que pede muito mais uma postura afetiva do que racional. O recurso lúdico, como o das dramatizações, pode tornar a linguagem bem mais acessível para o jovem, atenuando os comportamentos dissonantes, naturalmente mais resistentes.

O ditado popular diz que "Quem ama cuida!", mas isso os animais irracionais já fazem. Os seres humanos, enquanto seres racionais e sociais, fazem parte de um processo civilizatório maior e por isso precisam preparar os filhos para o mundo. Isso significa ampliar o dito para "Quem ama educa".

Hoje em dia, encontram-se sem a menor dificuldade jovens muito bem-criados, porém totalmente despreparados para o convívio harmonioso em sociedade. Quando apenas se cuida de um filho, sem prepará-lo para o contato com o mundo, está-se criando uma pessoa individualista e solitária.

A educação para o mundo em comunidade é um recurso para a promoção não apenas da saúde psicológica individual, mas da saúde social. Só se aprende que o direito de um vai até onde começa o direito do outro quando se está em contato com o outro. A experiência faz aprender mais do que o conselho.

O jovem deve desenvolver, em determinado espaço de tempo, um instrumental expressivo próprio de características complexas e sortidas. Para isso, a diversificação de vínculos e contatos é extremamente favorável. Assim, deve-se proporcionar ao jovem a oportunidade desse intercâmbio, além de provas de realidade, através de críticas construtivas sempre explicadas que o ajudem a construir seu novo modelo de comunicação e favoreça sua interação com o mundo, incluindo o aumento de tolerância diante da discussão de conflitos e eventuais discordâncias e frustrações.

O ingresso na vida adulta significa, portanto, muito mais do que a maturação estrutural e funcional do corpo físico, pois envolve cada vez mais enfaticamente o desenvolvimento psicológico e social do indivíduo. Qualidades cognitivas, emocionais, volitivas, de auto-estima, de personalidade, de relacionamento, de contato com a realidade, mecanismos de defesa e iniciativa são algumas das características desenvolvidas.

DESENCONTROS

O adolescente terá então um grande negócio pela frente: o fato de ser esse o tempo em que ele passa a ver as pessoas e o mundo ao redor de modo diferente, a princípio, com maior objetividade, progredindo posteriormente para uma visão mais relativista ou relacional. A fantasia da infância pouco a pouco dá lugar à inevitável realidade que o jovem reluta em aceitar. Ele descobre no mundo coisas de que não gosta. Esse mundo que desvela é uma construção dos adultos, pensa ele; portanto, os adultos passam a ser figuras ameaçadoras, incapazes de compreender suas ideologias sobre um mundo melhor. Aquele adulto que era uma referência de segurança na infância torna-se um desconhecido íntimo e passa a compor as bases de um contramodelo.

Essa sensação de desencontro e incompreensão começa a figurar como a justificativa de uma posição defensiva contra os pais, em que começam as típicas disputas pelo poder que não raro culminam em atos de extremada rebeldia e exogamia, em busca de novos modelos que dêem forma à recém-descoberta identidade. Nesse momento, contra-argumentar pode ser contraproducente por apenas alimentar uma escalada infinita de mútuas agressões e promover o rompimento violento de laços familiares que poderiam ser desatados de maneira mais confortável para ambas as partes.

A outra face da moeda é a enorme preocupação do jovem em saber como ele também é visto e a quantas anda sua popularidade no grupo social e mesmo dentro da família. Toda moeda tem dois lados, e o reverso do ímpeto desbravador é uma colossal insegurança.

Comparações entre os jovens sobre desenvolvimento físico, aparência, desempenho escolar ou sexual, sucesso com o sexo oposto ou outras questões com alto poder de produzir ansiedade permeiam essa fase de inclusão no grupo de pares e de crescimento social. Toda essa ansiedade pode tomar rumos patológicos quando estagna, fazendo o jovem fechar-se, temeroso sobre si mesmo, ou pode ser aproveitada positivamente, tornando-se o motor propulsor de uma carreira profissional de sucesso, de uma habilidade particular de negociação ou o que seja. O importante é perceber que é possível reciclar essa enorme quantidade de energia disponibilizada no processo de amadurecimento de forma criativa, visando um fim útil.

Infelizmente, essa energia é muitas vezes utilizada de maneira destrutiva, como ocorre no uso de drogas como tentativa de encontrar um lenitivo químico para questões que podem ser de outra ordem. A título de curiosidade, a palavra *crack*, que denomina uma das formas de uso da cocaína, vem do inglês e significa, entre outras coisas, a representação literal do som de um estalo, como aquele que supostamente ocorreria com a combustão da droga, mas também rachadura ou fenda, o que parece muito sugestivo. Só poderá ser ocupado o lugar que estiver disponível. Só entrará algo no lugar onde houver abertura para isso.

No marketing das drogas, lícitas ou não, a mensagem enganosa central é que elas seriam uma forma eficiente de escape, pelo menos por um curto período de tempo, das angústias e incertezas da vida, principalmente nessa fase difícil de transformação. É certo, no entanto, que o uso de drogas para superar a aventura inicial de uma pequena transgressão ou curiosidade faz mais mal do que resolve. Deixa de ser apenas um uso para configurar um abuso. Os efeitos nocivos dessas substâncias atingem não só o corpo físico, mas causam problemas emocionais adicionais, além de ampliar os problemas sociais e familiares já existentes. É o prazer imediato e sem esforço — portanto antipedagógico, socialmente falando — por induzir o usuário de drogas, entre outras coisas, ao isolamento e à autodestruição, uma vez preso ao círculo vicioso da dependência química.

As questões da droga especificamente, ou da delinqüência juvenil em geral, devem ser analisadas a partir de uma perspectiva macrossocial, considerando-se o sistema como um todo. Num paralelo com outro sistema, podemos comparar com o que ocorre com o organismo humano quando submetido a um ambiente infectado por germes.

Os germes fazem parte de nosso meio e de nosso dia-a-dia, porém somente as pessoas com sistema imunológico debilitado não conseguirão se defender de forma suficiente, a ponto de não ser capazes de viver nesse meio sem se infectar. Dessa forma, a mídia, por exemplo, não poderá ser tachada como a causadora da violência, por refletir, ainda que de forma abusiva, o mundo real. A mesma crítica que se faz hoje à TV e à internet já foi feita em outros tempos contra o rádio e o teatro. Não se pode responsabilizar nem a mídia nem os jovens por todos os problemas da sociedade, mas seguramente ambos representam aspectos fundamentais no todo maior a ser considerado.

A droga está por aí, por toda parte, há muitas e muitas gerações. As gerações mais afetadas serão aquelas submetidas a um maior estresse ou à desestruturação social ou que não tiverem a oportunidade de constituir um corpo de defesas eficiente como um tipo de imunidade psicológica. De qualquer forma, a questão permanece de ordem multifatorial, pois devem ser considerados os aspectos do mundo interno e externo da realidade humana.

A discussão sobre a influência do grupo social no comportamento da adolescência possui vários aspectos. Freqüentemente, os jovens tendem a preferir a companhia e os interesses dos amigos aos dos familiares. Atividades como as que envolvem música e esportes são as preferidas e se tornarão mais bem aproveitadas na companhia de amigos do que de familiares. A grande maioria dos genitores tem muita dificuldade de aceitar esse fato porque se sentem desvalorizados nesse momento de troca de interesses. É como se eles fossem descartados da vida daquelas crianças de um dia.

Assim, o jovem faz a transição necessária das relações predominantemente complementares, como aquelas do vínculo parental, para relações de simetria com o grupo de pares, supostamente composto de semelhantes.

Serão alguns anos de confusão emocional que representam uma porta aberta para experiências novas. É o ciclo de renovação, cuja função é romper laços que não servem mais e abrir o caminho para o novo, pela retirada do velho. Esse processo não é complicado apenas para os pais, mas para os jovens também.

Infelizmente, nem tudo o que é novo é bom, e alguns jovens podem ter maior dificuldade nessa seleção. É o que já foi mencionado com referência ao caso das drogas, por exemplo.

O GRUPO DE PARES

O convívio com o grupo de pares adquire força total nesse momento e serve a várias funções importantes, promovendo a oportunidade de aprender como interagir com os outros e como se portar socialmente, revelando habilidades e interesses.

O grupo pode promover discussões sobre sexualidade, fornecer licença para jogos agressivos ou outras atividades que favoreçam ao jovem uma alternativa de vazão a sua hostilidade e seu desabafo. Em circunstâncias assim estabelecidas, ele tende a se sentir mais seguro com os pares, discutindo ou expressando-se através de ações e formas de pensar aparentemente vetadas em outros meios. Os amigos podem com isso exercer funções próximas às do campo terapêutico por auxiliar a tamponar sentimentos conflituosos e propiciar o autoconhecimento. Esse tipo de organização acaba por tornar legal, no âmbito da gíria, o que era ilegal fora dela.

A dependência do grupo é, na verdade, a transferência de parte da dependência familiar para o grupo, o que representa uma etapa intermediária para a maior independência. Em outras palavras, o grupo acaba auxiliando o jovem a sair de casa. E o auxilia também a vivenciar a dicotomia entre o bem e o mal, fora do reduto teórico.

O grupo pode, por exemplo, oferecer retaguarda a atos de crueldade ou violência individuais, na medida em que distribui a culpa desses atos sobre a organização grupal. Por isso, muitas vezes aquele jovem educado e adequado no reduto doméstico passa a se comportar de forma agressiva e destrutiva quando na companhia do grupo. Assim, o adolescente pode se defrontar de forma objetiva com suas fantasias destrutivas, para em seguida buscar recursos para sua contenção.

O grupo de pares funcionará como um tipo de agente terapêutico, ajudando o adolescente a entender e a apaziguar muitos sentimentos e ansiedades sobre seus conflitos, principalmente de origem familiar, e permitindo o escoamento e a elaboração dessas sensações. O importante é observar o necessário caráter transitório que esse tipo de organização deve apresentar, bem como a demarcação de limites de aceitabilidade moral para os atos praticados.

O grupo de pares também exerce uma influência marcante quando comunica sua avaliação sobre o jovem, positiva ou negativamente, dando ou não seu aval. E o jovem acredita muito mais na avaliação do grupo do que naquela fornecida por adultos, parentes ou não. Ele tende a achar que os adultos são condescendentes e aceitam incondicionalmente suas qualidades indesejadas ou, em outros momentos, são críticos exagerados, incapazes de reconhecer seus sentimentos e fragilidades. E pode ainda ter construído uma imagem de adulto que mente e com essa figura imaginária se relacionará quando estiver diante de um adulto, esteja ele mentindo ou não.

O jovem precisa da avaliação de seus pares, uma vez que sente a falta quase absoluta de um padrão que o norteie e o ajude a avaliar quão brilhante, atraente, sábio e adorável ele é. Portanto, estará inclinado a utilizar o grupo imediato como molde para as qualidades que deseja para si mesmo, independentemente da opinião ou expectativa dos pais ou até propositadamente contra ela. Com a nova estruturação do grupo de referência, também conhecido como tribo, a família pode vir a se tornar a estranha, aquela que está "por fora", enquanto os amigos e o grupo de pares passam a ser reconhecidos como os "iguais", paradoxalmente denominados com alcunhas de referência a papéis familiares, como "mano" e "irmão".

A auto-avaliação do jovem dependerá em parte do tamanho desse grupo e em como este percebe suas qualidades e camufla seus defeitos. O grupo fornecerá os modelos de papéis de atuação com os quais ele se identificará, além dos famosos apelidos que o nomeiam nesse novo clã.

ALGUNS CUIDADOS

Repetindo o esquema familiar que conheceu na infância, o jovem respeita os parceiros de grupo que têm posição de comando ou maior destaque na hierarquia e tende a imitá-los em seus valores e comportamentos, na esperança de um dia também comandar, possuir o mesmo poder e competência. Muitas vezes, esses líderes, já mais velhos, são verdadeiros psicólogos do mal, capazes de atingir seus objetivos mais escusos através da manipulação de mentes imaturas, movidas a emoções fortes e muita adrenalina.

Em tempos passados, anteriores ao narcotráfico, na grande maioria das vezes isso tudo povoava apenas o imaginário, muito mais do que a realidade social de fato. Com a atual organização do tráfico de drogas, de armas e do crime em geral, principalmente a população mais jovem é seduzida fortemente pelo apelo do poder fácil e rápido. O *fast-food* do crime tem alimentado as esperanças de jovens mal orientados ou até abandonados, sem com isso proporcionar-lhes nutrição adequada. O resultado não pode ser outro senão as mortes precoces. Hoje, as principais causas de morte entre os adolescentes, na maioria do sexo masculino, são de natureza violenta, como acidentes de carro ou moto, assassinatos, drogas e suicídios.

Estatisticamente, os números poderiam até não ser relevantes, mas são, e cada número é uma morte, uma vida que se vai, uma família que sofre.

O jovem é um ser em transição, portanto possui também valores transicionais. Mas ainda não se dá conta disso e se entrega de corpo e alma a projetos destrutivos de vida, ao custo altíssimo de, muitas vezes, pagar com a própria vida. Se tivesse essa consciência, não seria adolescente, e sim adulto.

O adolescente não deve ser considerado apenas como um ser isolado, individual. Ele está inserido em um meio familiar que, devido à sua configuração, se encarrega de preservar determinados padrões repetitivos de comportamento, conscientes ou não, além do ambiente macrossocial, onde ele e sua família se encontram incluídos, cujas variáveis sociais, econômicas, políticas e religiosas influenciam poderosamente.

Problemas de relacionamento familiar, problemas acadêmicos com aumento de repetência escolar, não-reconhecimento de figuras de autoridade fora do gueto, sentimentos de inadequação ou falta de senso claro da própria identidade, impulsividade, hostilidade, fugas, baixo nível de tolerância são todos sinais de que algo está se passando. Pode querer dizer que a única coisa que está acontecendo é a adolescência ou pode ser algo mais.

O cuidado que se deve ter é não patologizar tudo, principalmente aquilo que não se maneja muito bem. Existem coisas próprias da adolescência. Talvez não em gerações passadas, mas existem agora.

Isso, porém, não exclui a necessidade de esforços por parte da família e de educadores para se aproximar desse jovem e saber o que se passa com ele, e então separar o joio do trigo.

O risco está na progressiva destruição da personalidade ainda em formação do jovem, começando precocemente com a delinqüência juvenil, promiscuidade, uso abusivo de drogas, roubos, condutas anti-sociais e por aí afora.

Felizmente, questões que afetam diretamente a comunidade e requerem posicionamentos institucionais, como no caso do narcotráfico, que além de ser uma questão de saúde envolve aspectos de desorganização das relações sociais, econômicas e culturais, já são vistas do ponto de vista de um conjunto. Não são mais tratadas simplesmente como caso de polícia ou segurança pública. É preciso fazer mais do que aumentar o número de presídios ou de policiais nas ruas.

A droga é uma mercadoria antes de tudo cultural e está inserida num conjunto maior. Não é um fenômeno recente nem isolado. Somente propostas macrossociais de combate a esse flagelo humano terão sucesso. O que não se pode é desacreditar nem nos indivíduos nem nas instituições sociais, sob o risco de retorno à era em que se fazia justiça pelas próprias mãos, o que é evidentemente um contra-senso. Não existe justiça quando se dá livre vazão aos impulsos emocionais extremados, gerados por situações altamente estressantes de sofrimento. A transgressão é uma forma de comunicação, de crescimento e de construção da identidade do jovem, que se origina de uma desconstrução, mas não é um vale-tudo. Ela é passageira, saindo de cena assim que tenha atingido seu objetivo.

Caso isso não aconteça, muito provavelmente não houve a suficiente continência afetiva para evitar a fixação desse padrão de comportamento. A introjeção dos referenciais de lei e autoridade se faz através do contato com as figuras que as representem socialmente, o que só será possível se houver proximidade, encontro, troca, cumplicidade e continência. É necessário que haja algo externo que barre o comportamento, lhe dê limite e seja aceito como um valor digno a interiorizar. Há de existir uma hierarquia com limites a respeitar, mas isso deve estar na base do que é dito, e não o único a ser dito. Se os pais não colocam o limite, a vida se encarrega de colocar.

Se os pais não são ídolos, a vida também se encarrega de fornecê-los. A busca de ídolos idealizados pela cultura vigente — artistas, atletas, cantores ou heróis —, da mesma maneira como a busca dos parceiros de grupo, estará intimamente relacionada a um tipo de intermediação para a progressiva separação dos pais. Mesmo as figuras negativas, como os grandes vilões ou transgressores reconhecidos, participam na elaboração psíquica dessa separação parental por meio da busca de representantes simbólicos de bons pais e maus pais. São imagens que auxiliarão no processo de composição da identidade do jovem.

UM ESTILO, UMA ASSINATURA

A dcfinição de um estilo próprio passará por inúmeras fases experimentais empíricas, até que se firme de maneira satisfatória. É a chamada crise de originalidade juvenil. Durante esse processo, o jovem necessariamente passará por momentos de oscilação que podem beirar a danificação da espontaneidade, chegando ao extremo do mimetismo quase autômato, quando ele ainda tenta se definir a partir do outro. Essa é a fase de interiorização do mundo, de procura de elementos externos que dêem contorno à identidade pessoal, submetendo-se à influência de modismos e práticas culturais específicas da sociedade.

Alguns comportamentos, como a realização de tatuagens, a colocação de *piercings*, o vestuário exótico, a maquiagem carregada, as músicas com evocação de temas densos, a profusão de palavrões, os cabelos bizarros, o andar e o gestual estereotipado, constituirão algumas das tintas utilizadas para colorir esse período de contestação social e auto-afirmação individual. O conjunto de atitudes representa um movimento próprio dessa fase de vida que salta da camuflagem para a exaltação, ultrapassando a mera expressão de um tipo particular de senso estético.

Os diferentes tipos de grupamento de jovens fornecerão uma palheta própria de cores, variando das mais mórbidas, como o negro, às mais espalhafatosas, como os tons cítricos. Mas esse é o momento em que tudo é válido e lícito. Pode até ser muito saudável, o que não significa que seu oposto, um jovem comedido e bem-comportado, não seja. A questão é respeitar as diferenças individuais e analisar sempre em que contexto a coisa se dá.

O corpo passa então a ser a grife de cada um, onde se imprime a própria personalidade de forma empírica. Experimentam-se vários modelos e estilos, ao mesmo tempo em que se atenta ao tipo de reação que cada novidade suscitará em casa e fora dela. Cada nova forma de expressão estética é uma nova maneira de responder ao mundo, e refletirá muito das diferenças individuais como uma impressão digital da alma.

A pele é o órgão físico de relação direta com o outro e com o mundo através dos sentidos físicos. Muito além de oferecer-se apenas às explorações pelo tato, a pele como órgão de contato social expressa também características pessoais como a saúde física, a idade, os cuidados de higiene, a filosofia de vida e a visão de mundo, através de formas peculiares de comunicação. O corpo passa a ser uma assinatura, a palavra encarnada.

O vestuário também se apresenta como veículo de linguagem não-verbal e manifestação cultural, sofre mutações e excede largamente sua função utilitária. A facilidade de trocar de roupa ou de estilo, além de custar apenas o que se paga pelo objeto de uso em si, faz da moda algo descartável, em constante renovação. Não se paga por ela o preço extra do sacrifício e da dor infrigidos pela vestimenta permanente dos tatuados.

São todos recursos disponibilizados pela coletividade para promover ao mesmo tempo a diferenciação individual e a inclusão social, ambas de fundamental importância no processo de amadurecimento psíquico.

AS TATUAGENS

Em culturas tribais isoladas que ainda mantêm certo purismo cultural, é a arte corporal que permite reconhecer a posição social de alguém dentro da comunidade. E quanto mais dor o membro da tribo suportar durante um ritual, maior será sua prova de coragem e o conseqüente destaque social. Dessa forma, rituais de ingresso em grupos humanos marcados pela cor e pela dor podem vir a se tornar *souvenirs* indesejáveis de viagens exóticas ou passagens por instituições de convivência.

As tatuagens foram utilizadas com propósitos rituais por vários povos para promover proteção mágica contra doenças e infortúnios ou identificar os portadores em sua classe ou status como membro de um grupo específico. Decoração e condecoração são talvez os motivos mais comuns de aumentar a beleza ou de criar uma grife própria. Não se pode esquecer também do apelo sexual que muitas tatuagens sugerem, devido à localização e à temática escolhidas.

Motivos como emblemas de times de futebol, artes marciais, gangues, grupos raciais como os neonazistas, identificadores de uma geração e ídolos, tendem a ser os mais comuns. Quem marca a si próprio deseja assinalar sua relação, que pode ser até de dependência, diante daquilo que se encontra representado graficamente na pele. No caso das gangues em especial, uma tatuagem pode ser um tipo de crachá de membro do grupo, e a retirada dela, após o desligamento desse grupo, é vista como deserção ou traição, merecendo castigos severos que culminam até com ameaças de morte no caso de egressos de presídios, onde foram tatuados.

Ex-presidiários que no tempo de cumprimento da pena se filiaram a alguma facção criminosa dentro da cadeia, caso sejam presos novamente e não tenham mais as tatuagens identificadoras do grupo, estarão pondo em risco a própria vida através de um ato de desrespeito à organização à qual um dia juraram fidelidade eterna. As tatuagens serão, portanto, o lembrete permanente de experiências do passado, mesmo quando representarem a triste recordação da afiliação a uma gangue, num momento de solidão ou incerteza.

Existem ainda as eventuais complicações decorrentes da realização das tatuagens, como reações alérgicas à tinta utilizada ou infecções adquiridas durante sua realização. Outra agravante é que não permanecerão para sempre com o mesmo aspecto de quando realizadas, pois também sofrerão o efeito da passagem dos anos, adquirindo um efeito borrado, o que compromete a nitidez e o contorno do desenho e faz com que muitas vezes sejam necessários retoques de tinta. O que é permanente não é o desenho, senão a marca.

Para a retirada total das tatuagens existe um procedimento médico realizado com aplicações repetidas de raio laser sobre o desenho, para romper as células que armazenam a tinta, liberando-a para posterior absorção e eliminação pelo organismo. É um processo longo e doloroso que requer cuidados especiais e mesmo assim pode não garantir os resultados esperados. Dependendo das tintas utilizadas e da extensão do desenho, sua retirada pode ser impossibilitada, e, mesmo quando possível, restará algum vestígio ou cicatriz sobre a pele.

É a partir da adolescência que o ser humano se torna capaz de operar sobre signos e símbolos que substituam os objetos que representam. É o desenvolvimento do raciocínio abstrato.

Com isso, alguns jovens já conseguem resistir ao impulso de dar forma e concretude ao que se mostra por demais abstrato para sua capacidade de elaboração psíquica e sublimam esse ímpeto de tornar algum sentimento permanente fazendo entalhes nas cascas de árvores ou desenhos em muros públicos, conhecidos como grafites e pichações, em vez de fazê-lo sobre seus corpos. Os demais levam os pais ao desespero quando aparecem em casa com caveiras, escorpiões, serpentes ou outros desenhos lúgubres gravados na pele.

A história das civilizações registra também o uso de tatuagens no sentido mágico, em que, por exemplo, o desenho de um escorpião serviria para proteger seu portador dos eventuais ataques desse animal, ou o de um touro asseguraria fartura na criação dos rebanhos. Nesse tipo de obra sacrifical, fica clara a presença de uma intenção que pode muito bem ser o que se encontra por trás das tatuagens com temática de morte.

O jovem está vivendo um simbólico, mas nem por isso menos intenso, processo de luto de uma fase da vida para o ingresso em outra. Nessa ocasião, pode ficar muito difícil separar o real da fantasia, e a idéia de morte pode estar associada com o medo, consciente ou não. De qualquer forma, esse tipo de tatuagem traz seguramente uma temática que merece ser abordada de forma madura, sem aumentar o poder dos estigmas, uma vez que o jovem já está sinalizando sua dificuldade de elaborar determinados conceitos mais abstratos.

A adoção da tatuagem como talismã defensivo mostra o nível de fragilidade em que o jovem se encontra, apesar de se esforçar para provar o contrário aos outros e a si mesmo. Algo que precisa ser ostentado não está resolvido e não encontrou outro meio de escoamento.

No que diz respeito a tatuagens e *piercings*, existe um limite de idade imposto pela lei que, porém, não vem sendo muito respeitado, representando a necessidade de buscar alternativas para conter essa explosão de impulsividade. A melhor delas, seguramente, é o diálogo em casa.

Sem dúvida alguma, a interdição de poder pelo Estado se faz necessária, mas não exime os pais de sua responsabilidade. Na verdade, o Estado deveria ser a alternativa final, quando a interdição, já dentro do lar, não se fez eficiente, requerendo ajuda extra. No entanto, o que se tem feito é o contrário, creditando-se ao Estado a obrigação de fazer sua parte, para que em casa não se necessite fazer nada. Essa idéia é totalmente equivocada e pode ser ampliada para uma série de outros aspectos interessantes da vida.

Assim, a tatuagem está longe de constituir um recurso exclusivo do comportamento adolescente, mas se insere num contexto histórico e geográfico maior. Não deixa de ser uma forma de arte e também de expressão do mundo interior de significados e valores que cada um atribui à vida. Os eventuais problemas gerados em família pela desobediência de regras, como a proibição desse tipo de manifestação, devem ser vistos a partir de uma leitura mais ampla. A tatuagem não é a causa da discórdia familiar, mas antes sua conseqüência. O que é feito escondido ou à revelia mostra que já não havia diálogo antes que se pudesse dar conta do desejo expresso na pele, assim como a possível intenção explícita ou não de desafiar e desagradar.

Essa intenção representa a situação com maior risco de produzir descontentamento. Quando o jovem faz uma tatuagem movido pelo impulso, pois não encontrou terreno aberto para o diálogo, há maior probabilidade de ocorrer arrependimento futuro. O impulso é justamente a linha direta entre a vontade e a ação, não passando pela palavra, pelo debate e pela troca de opiniões.

No caso de a tatuagem ser motivada pelo impulso de provocar, impressionar ou até irritar outras pessoas, principalmente os pais, as chances de insatisfação aumentam. Uma vez atingido o objetivo externo ou mesmo a partir de seu total fracasso, como pode eventualmente ocorrer, a tatuagem perde o sentido simbólico e passa a ser uma apenas uma mancha na pele ou, o que é pior, a evidência de um erro.

A estratégia então não é fazer listas de proibições ou permissões, mas propiciar espaço para a manifestação saudável do universo emocional do jovem. As práticas artísticas e esportivas devem ser francamente estimuladas, pois representam verdadeiras avenidas abertas para o escoamento natural da energia emocional, agressiva e criativa. Na ausência de escoadouros naturais, essa energia buscará inevitavelmente outras vias, agradáveis ou não.

Os atalhos ou as trilhas alternativas podem ser muito atrativos, mas além de emoções podem trazer problemas, como macular ou até machucar o corpo de forma muito difícil, se não impossível, de corrigir.

Para o jovem não basta agir. Ele tem que pensar. Para os pais, educadores, treinadores ou cuidadores, adultos em geral, não basta pensar. Têm que agir. A cola que mantém o pensar e o agir em comunhão é a emoção. No esquema corporal, o agir está representado pelos membros, pernas e braços, e o pensar pela cabeça. O meio do caminho, necessariamente, é o coração. E não são poucos os jovens que utilizam o coração como tema dos desenhos grafados em seus corpos ou objetos. Isso seguramente significa alguma coisa ou pretende no mínimo transmitir alguma mensagem. Os temas de morte, como caveiras e morcegos, também representam o amor, mas um amor ferido, a raiva, a vontade de destruir algumas coisas que incomodam ou de mostrar até que ponto esse jovem se sente destruído em alguns aspectos vitais.

A palavra de ordem para os adolescentes é "entusiasmo", que vem do grego, em que *theos* significa Deus. Eles estão cheios de Deus, de criatividade, de vontade de construir um mundo melhor. Porém, muitas vezes reminiscências de um passado mal resolvido podem emperrar essa volúpia criativa, deixando a vida mais opaca e sem sentido. Por exemplo, um jovem que foi hipersaciado durante a infância, que recebeu tudo imediatamente e sem esforço algum, ganhou também a própria felicidade sem ter desenvolvido a capacidade de conquistá-la. Então executa na adolescência o que aprendeu, que é continuar esperando que a felicidade chegue pronta de novo. Mas o que passa a chegar é um sentimento crescente de vazio interior e solidão.

Outra postura que também anula as vias afetivas positivas é a da criança que sofreu por não ter sido valorizada em suas contribuições. Ela demonstra a mesma insatisfação com a vida, pois não teve a oportunidade de participar da felicidade dos pais, o que é fundamental para a construção de um conceito pessoal de felicidade.

Nos dois casos, a conduta familiar adotada será apenas mais um ingrediente no cadinho da alquimia interior, dado que a adolescência traduz a instabilidade resultante das diferentes velocidades de evolução das partes de sua personalidade. A insatisfação atual poderá ser a mola propulsora de algo completamente diverso, como também o congelador de tendências. Tudo dependerá da combinação dos recursos internos e externos de que se dispõe. Um dado isolado não determina uma personalidade.

EXPRESSÕES MUSICAIS

A expressão artística, por exemplo, será uma das formas legítimas de comunicação desses sentimentos, passados ou não. Uma dessas expressões, talvez a mais cotada entre os interesses dos adolescentes, é a música. E a trilha sonora dessa fase do ciclo vital, característica das últimas décadas, é o *rock'-n'-roll*. Esse verdadeiro hino adolescente está sendo, porém, substituído entre as novas gerações por outras tendências musicais, em que se destaca o rap, sigla de *rhythm and poetry*, que em inglês significa ritmo e poesia.

O rock'-n'-roll, com suas pedras rolando, conforme expressa a tradução literal do inglês, representou uma verdadeira catarse coletiva devido às letras carregadas de emoções fortes que os jovens são capazes de reconhecer imediatamente e de forma muito direta. Os mecanismos de defesa exaustivamente utilizados durante a adolescência, a saber, a intelectualização e a sublimação, caem por terra ao som do rock. O mundo emocional caótico e intenso do jovem entra em ressonância imediata com a batida forte do rock. Letras fáceis e diretas, com melodia repetitiva e simples, configuram a receita de tão longo sucesso. Raiva, palavrões, frustrações, inconformismo, queixas e paixões são representados de forma explícita não somente pelas letras ousadas, mas principalmente por um ritmo que prevê a quebra total de uma métrica musical tradicional. Não há ordem, disciplina nem leveza nas melodias. O ritmo proposto deve ser solto e chocante, como eles no fundo se sentem ou gostariam de se sentir: soltos e chocantes.

E se os adultos não apreciam ou não entendem, melhor ainda. Aí é identificação total. Tanto que o rock já foi o retrato fiel de uma geração. Não é mais por dois aspectos principais. O primeiro é que gerações mais velhas, precursoras do movimento do rock, não o abandonaram por completo, constituindo-se esse ritmo um fenômeno intergeracional. Isso influenciou grandemente na qualidade das músicas produzidas, devido ao amadurecimento tanto de quem canta quanto de quem ouve, desfigurando o perfil original do movimento. Cabe lembrar que o rock surgiu nos anos 60 e é contemporâneo do movimento hippie, do LSD, da maconha, da revolução sexual, da queima dos sutiãs, dos cabelos compridos e da psicodelia, o que significa que estava inserido em um conjunto de fatores que representavam a plataforma de reivindicações sociais por um mundo novo. Com isso, as letras das músicas estavam livres até para ser indecifráveis ou incoerentes, como de fato ocorreu em alguns casos.

Nos anos 70, houve uma releitura do rock, protagonizada pelos punks. Era uma nova geração que despontava no Hemisfério Norte e queria produzir a própria marca estética e musical de contestação do *establishment*. Por meio de movimentos politizados com a bandeira da anarquia e ao som pesado do rock de protesto de uma subcultura autêntica, buscava-se a razão na confusão, e seu formato sobreviveu ao tempo, porém não imune ao reprocessamento.

Assim, o segundo aspecto não reside na manutenção, mas na mutação. É próprio do jovem se organizar para buscar novas formas de manifestação social que expressem seus sentimentos. Ele procura sua identidade na renovação e dá testemunho disso nas ansiosas interrogações que faz sobre si mesmo e sobre o mundo onde vive. É a partir daí que se descobre e se reconhece.

Assim, cada nova geração que surge traz consigo inovações. Atualmente, vive-se sob a égide do movimento rap – originário dos EUA, principalmente entre os negros das classes menos favorecidas –, que se espalhou inclusive em nosso meio. Esse novo movimento não busca mais seu lugar através apenas da oposição ou do constrangimento. Muito pelo contrário. Constitui-se da manifestação que traz a poesia para a música na tentativa de veicular uma crítica social explícita, sublinhando aquilo de que se discorda e ao mesmo tempo tracejando o que se almeja.

Num resumo possível sobre essa perspectiva evolutiva do movimento musical jovem mais recente, aparece o rock com a busca de um espaço individual de reconhecimento e liberdade, separando-se da ordem social e do que mais estivesse ocorrendo à sua volta. Na geração seguinte, esse movimento metamorfoseou-se no rock político dos punks, e hoje canta-se o rap como outra forma de atuar sobre uma realidade social que desencanta.

É claro que outros ritmos e tendências musicais existiram concomitantemente ao rock e ao rap, porém esses dois exemplos mais comuns funcionam didaticamente para traçar um panorama geral das transformações sociais dos jovens nas últimas décadas.

O PROGRESSO E SEU CUSTO

Atualmente se verifica que os gastos das famílias com meios de comunicação e informação, como internet, TV por assinatura e telefonia celular, estão superando em muito os gastos com lazer e cultura, como cinema, teatro, passeios e viagens. Isso terá reflexos evidentes sobre os aspectos de personalidade de uma geração, principalmente no que diz respeito a questões de criatividade e capacidade de resolução de problemas, convivência em sociedade, controle de impulsos, limiar de resistência à frustração e auto-imagem.

Não é novidade que para construir uma identidade individual faz-se necessária a presença física de modelos e a interação real com eles. A vivência virtual, até onde conhecemos, não fornece subsídios para a estruturação da personalidade social, devido à ausência de contato humano real, que envolve a integração de todos os sentidos físicos, e até dos não-físicos, como sensações subjetivas provocadas pelo encontro, impressões pessoais, intuições e fantasias.

O excesso de proteção contra o contato real já faz parte até mesmo da forma como algumas crianças são criadas em grandes cidades: elas passam a conhecer o mundo através das grades de sua residência ou das janelas dos meios de transporte. O fato é que os adultos tendem a ser mais temerários por já possuir uma noção mais concreta do que têm a perder e acreditam que o jovem deva pensar da mesma maneira. Está estabelecida mais uma fonte de conflito, pois se forma um curto-circuito em que se visa ao ponto final sem necessidade de percorrer o caminho que leva até ele.

Cuidados excessivos, dependendo da idade em questão, podem levar à infantilização dos filhos adolescentes, cristalizando condutas defensivas perante o contato humano e impedindo um processo de amadurecimento saudável. E, o que é pior, mantendo os filhos já crescidos prolongadamente nos estágios iniciais da adolescência, que são os mais perniciosos em relacionamento.

A carência do contato social, da interação com o grupo, representa um estímulo externo insuficiente para a adequada passagem para as fases subseqüentes, ou seja, para sair de casa. É bem verdade que a natureza faz sua parte, mas sob circunstâncias artificiais o desenvolvimento terá seu curso desviado, assim como o curso natural dos rios é alterado por uma barragem.

Mesmo dentro de uma bolha de interação asséptica com o mundo, haverá a televisão e outras formas de mídia que impulsionarão o jovem na direção de seu desenvolvimento, o que pode também ser pernicioso por fornecer precocemente elementos de antecipação da adolescência a pré-púberes, afetando consideralvemente as transições naturais entre as fases do crescimento.

Outro problema em relação à televisão é que ela tende a tipificar as pessoas de acordo com os modelos da moda vigente, estimulando o processo de formação de identidade a partir da imagem, ou seja, de fora para dentro. Somando-se a isso a perda das relações comunitárias, o resultado passa a ser a pasteurização dos modelos de identidade devido ao empobrecimento da fonte deles. Perde-se a perspectiva mais saudável dos modelos constituídos de dentro para fora, a partir da interação direta com uma gama variada de possibilidades.

Esse é o aspecto dual dos meios de comunicação de massa, que podem contribuir tanto para a exclusão do jovem, pelo estabelecimento de modelos inalcançáveis, como para oferecer recursos que auxiliam a convencê-lo de que faz parte de um todo maior. Tudo tem dois lados, e a conscientização desse fato, assim como da dialética existente entre um mundo interior e um mundo exterior, só se concretiza no período da adolescência.

A sensibilidade extremada, a riqueza emotiva e a ausência de controle, próprias dessa faixa etária, podem aumentar temporariamente a distância psicológica que se estabelece entre o jovem e os adultos que o rodeiam, mesmo os que fazem parte do círculo familiar. Mas não se pode perder de vista que esses elementos compõem uma fase transitória cuja meta é justamente preparar o jovem para o ingresso no mundo adulto. Aí então será sua vez de dar novo impulso à roda da vida.

Drogas, e Eu com Isso?

Parece cocaína, mas é só tristeza,
talvez tua cidade
Muitos temores nascem do cansaço e
da solidão
E o descompasso e o desperdício
Herdeiros são agora da virtude
que perdemos
Há tempos tive um sonho,
não me lembro, não me lembro.

HÁ TEMPOS
Dado Villa-Lobos, Renato Russo e
Marcelo Bonfá

Todos os dias, por meio dos noticiários e das próprias ruas, somos obrigados a nos defrontar com a dura realidade das drogas e de seu submundo. E nos posicionamos prontamente, de maneira clara e explícita frente a ela. Automaticamente associamos a palavra droga a vários conceitos e emoções.

Mas, como é que nos posicionamos diante do usuário ocasional de drogas?

E do dependente químico? Esse ser humano que sofre e que demanda cuidados especializados, apesar de ele, devido ao próprio sintoma da doença, muitas vezes negar que necessite de auxílio, ou até que realmente tenha uma doença.

O envolvimento com drogas não pode ser analisado como dado isolado, senão inserido num contexto maior, que inclua a família e a sociedade. Nesse sentido, não basta lutar contra as drogas. É preciso lutar a favor dos jovens e da vida.

Em outras palavras, em vez de assumir um discurso destrutivo a respeito das drogas e das pessoas com elas envolvidas em diferentes níveis, é muito mais interessante favorecer não só um discurso, mas uma postura construtiva e positiva no sentido de se valorizar a auto-estima, o lazer saudável, o investimento nos estudos e nos esportes, a popularização das artes e da informação, enfim uma cidadania plena. Não basta direcionar os esforços somente sobre aquilo que pretendemos retirar. É preciso oferecer algo tão bom quanto em substituição.

Posturas destrutivas não resolvem um problema. Adiam ou mudam de endereço. Quando não agimos sobre a causa, podemos apenas promover um rodízio de sintomas, no qual diferentes tipos de compulsão se alternam, não deixando dúvidas sobre a ineficácia dessa abordagem.

O caminho que me parece mais acertado é o de trabalhar sobre o que se pretende alcançar e não sobre o que se pretende afastar ou abandonar. A idéia é tirar a droga não apenas da vida, mas também do discurso. Ou você acha que alguém não sabe que usar drogas faz mal?

Por mais coerente que seja o discurso antidrogas vigente, ele sozinho não surte o efeito desejado. E corre-se o risco de o tiro sair pela culatra injetando gasolina azul num tema por natureza polêmico e instigante.

Quando alguém diz: "Não pense no vermelho!", você já pensou. Isso quer dizer que não basta apenas dizer o "não". É preciso ajudar a achar o "sim".

Segundo os próprios adolescentes, os principais motivos que os levam a experimentar drogas são a curiosidade, o gosto pelo perigo e pelos desafios, a necessidade de acompanhar e de ser aceito por seu grupo, vencer a timidez e a tensão, esquecer os problemas, atingir os pais e sentir-se ou mostrar-se mais autônomo e independente. Então é aí que devemos focar nossos esforços. Uma postura positiva é portanto oferecer alternativas para que os jovens trabalhem essas questões que os afligem em seu dia-a-dia, relativizando a importância da droga como via magna para isso e ampliando os horizontes dos valores humanos.

A verdade é que as drogas não são vistas pelo jovem como o inimigo que visa destruí-lo, e sim o contrário. Elas são vistas como algo útil, que pode ser até uma solução química para os problemas existenciais que começam a despontar nessa difícil fase de transição.

Campanhas antidrogas que se limitam a dizer que droga mata, alimenta a violência, destrói a sociedade e portanto, que quem as usa é burro, não atingem seu objetivo entre a população adolescente, que vê nessas campanhas apenas mentiras ou exageros. Nós, adultos, sabemos que isso é verdade, que a proposta da droga é um engodo, uma contenção artificial e não uma solução real para os problemas da vida. Nós sabemos que há um preço a pagar por tudo de supostamente bom que a droga possa oferecer, e que é um preço muito alto. Mas o foco dos jovens é outro. Eles têm dificuldade de projetar o futuro com base na realidade. Eles vêem o aqui e agora. Agora é gostoso.

O que precisamos fazer é mostrar outras coisas gostosas — que também podem desconectá-los de um cotidiano maçante e auxiliar a vencer as barreiras da timidez e da inserção no grupo social — como filmes, livros, obras de arte, biografias de pessoas famosas, informática, artesanato, música, esportes e lazer. São coisas que ensinamos se nos propusermos nós também a imergir nelas. Não basta reclamar da vida e dizer para o jovem que ele tem de gostar. Nós ensinamos pelo exemplo, pelo que fazemos nós mesmos com a vida.

Afinal, cabe aqui perguntar, o que é que mostramos do universo adulto para convencer as novas gerações de que é melhor investir numa carreira profissional em vez de numa carreira de cocaína?

O problema é que as pessoas se comportam como se falar de drogas fosse uma coisa e falar de sua responsabilidade social diante do problema fosse outra completamente diferente. Mas não é, ou pelo menos não deveria ser. E este é exatamente o convite que lanço neste capítulo: ampliar o entendimento da questão da droga.

AS DEPENDÊNCIAS

A dependência química produzida por substâncias psicoativas, lícitas ou ilícitas era, a princípio, dividida em dois grupos:

o das substâncias que produziam dependência física e o das que produziam dependência psicológica.

A dependência física relaciona-se a uma reação do tipo síndrome de abstinência produzida num organismo habituado a determinado tipo de droga, na privação da mesma. Já a dependência psicológica está vinculada apenas a alterações de humor ou de comportamento, como estados de depressão ou de ansiedade, que induziriam o dependente a buscar a droga para aliviar esses sintomas.

Hoje, já distantes da era do pensamento moderno em que prevalecia o conceito de divisão corpo-mente, sabemos que não é possível proceder a tal tipo de divisão, mesmo do ponto de vista teórico. Uma síndrome de abstinência não é composta apenas de sintomas físicos, mas vem seguramente acompanhada dos reflexos psicológicos presentes em qualquer situação de mal-estar. Da mesma forma, sabe-se que a ansiedade não vem desacompanhada de sintomas físicos como sudorese, palpitações, tremores e boca seca, entre outros. O mesmo se passa com a depressão com suas alterações no ciclo do sono e no apetite. Por isso, o conceito mais adequado é o de dependência química, que engloba ambos os aspectos.

Esse nome genérico foi evitado por muito tempo, pois traz à tona certa confusão, que se torna muito oportuna para questionarmos a dependência química e sua gênese.

Nós estamos imersos num verdadeiro oceano de substâncias químicas cujas reações mantêm vivo o nosso organismo. Desde a água, o ar, os alimentos e toda matéria descoberta ou criada pelo ser humano possui uma matriz química que reage com outras substâncias resultando em um produto ou efeito.

Por exemplo, ao ingerirmos um doce que contém carboidratos de rápida absorção como o açúcar, produz-se no organismo uma leve euforia derivada do efeito energético da glicose, seu subproduto. Por analogia, pode-se falar do efeito saudosista do gosto do açúcar que pode nos remeter a uma infância na qual nos sentíamos amados e protegidos. Com base nesse raciocínio, é possível imaginar de onde pode ter surgido o prosaico copo de água com açúcar oferecido às pessoas em momentos de choque. Ou até por que determinados tipos de alimentos, principalmente os ricos em carboidratos, são os mais procurados em surtos de alimentação compulsiva.

Baseados nessa conclusão, podemos dizer que há vários tipos de dependência de substâncias químicas — que podem ser mais sutis, mas não são menos perniciosos. Bons exemplos são a mãe que fuma ansiosa um cigarro após o outro para organizar as idéias; o pai que chega a casa necessitando de um drinque para relaxar e esquecer da rotina do trabalho; a tia que busca o auxílio nos comprimidos para emagrecer; o tio que não começa o dia sem café, que toma um aperitivo para abrir o apetite e assim por diante. Leves ou graves, lícitas ou não, são todas formas de dependência de substâncias químicas. Uma criança ou um adolescente que viva num ambiente assim inevitavelmente incorporará as mensagens subliminares, pois os adultos que o cercam são seu primeiro espelho.

O que essa criança ou esse adolescente fará com tudo isso não se pode prever. Se o modelo familiar será reeditado, formando um mesmo padrão de sintoma, não se sabe. Isso dependerá de uma série de fatores pessoais e interpessoais.

Pode acontecer que, ao longo da vida, o distanciamento emocional ou a falta de diálogo levem esse filho a também buscar resolver sozinho os seus problemas e dar conta das angústias que não encontram outra via mais saudável de escoamento ou resolução. Se não há diálogo afetivo e interessado, a alternativa que resta é praticar o que aprendeu: que angústia se trata com alguma substância.

E o que parecia impossível acontece. Ele encontra uma substância que não só parece resolver seus problemas, pois o desconecta deles, como também gera prazer. Por isso é que muitas vezes o contato com drogas lícitas como o cigarro e o álcool, que deveriam servir apenas como mediadores de rituais de passagens próprios da adolescência, acaba por se tornar rituais diários e nada passageiros.

A droga é um sonho de liberdade e não a liberdade propriamente dita. É uma ilusão de liberdade que esconde a armadilha de uma prisão incondicional: o vício.

É bem verdade que nem todos que experimentam ou até fazem uso esporádico da droga se tornam seus dependentes, porém, isso é algo que só se descobre depois da deflagração do processo, o que torna a experiência uma verdadeira roleta russa.

UM PROBLEMA HUMANO

Há sempre que se verificar qual o lugar que uma droga veio ocupar na vida de uma pessoa. Essa droga veio pelo prazer que ela proporciona, ou veio para aliviar o desprazer de sintomas ou até de doenças pré-existentes como a depressão ou a ansiedade, configurando-se como uma busca medicamentosa?

A ocorrência da segunda alternativa é mais comum do que se imagina. Vários são os jovens que ingressam no universo das drogas na tentativa de resolver sozinhos problemas que poderiam encontrar soluções efetivas com o auxílio de outra pessoa, que pode ser um familiar ou um médico ou psicólogo, dependendo da magnitude da situação. Talvez, nesse ponto, possamos nos questionar se a dependência de drogas não é indício de outro tipo de dependência, que é natural e constitutiva, mas evitada como uma doença contagiosa: nossa humana dependência de outras pessoas. Somos seres sociais e não há como negar isso.

A típica necessidade de autonomia da fase adolescente misturada a uma porção perigosa de isolamento, também infelizmente muito comum nas famílias de hoje, pode potencializar a busca por um atalho perigoso. Embora a intenção possa ser das melhores – ficar bem –, o resultado tende a ser desastroso. E nós temos a mania de ver em um ato negativo necessariamente uma intenção igualmente negativa, o que nos leva a uma postura severa de julgamento. Por isso, antes de julgar, se é que vamos poder julgar, é preciso ouvir e, antes de mais nada, desenvolver a capacidade de estar junto.

Ouvir não significa começar a investigar e colocar o usuário de drogas num paredão, onde deixamos claro o que queremos ouvir e o que ele está proibido de falar. Ouvir quer dizer criar um espaço de acolhimento em que as coisas podem ser ditas e que não serão tratadas como grandes pecados capitais merecedores do castigo eterno do fogo dos infernos. O que estiver errado será tratado como tal, mas, acima de tudo, numa postura pedagógica, na qual o foco é ensinar e melhorar a auto-estima de quem se acha tão ruim a ponto de acreditar que merece ingerir porcaria ou veneno.

O que o jovem precisa entender é que, mesmo com a melhor das intenções, suas ações podem gerar o pior dos resultados, mesmo que ele não tenha percebido isso ainda. Nada ocorre impunemente na natureza. Muito menos na interferência sobre o funcionamento normal do corpo e da psique humanos. Aprendemos na física que a toda ação corresponde uma reação. Isso vale também para o corpo humano. A intromissão maciça de substâncias químicas estranhas ao organismo, principalmente no que diz respeito ao sistema nervoso central, leva a um desequilíbrio da delicada rede eletroquímica do cérebro, sem falar nos inúmeros outros efeitos sobre os demais órgãos, o que vai depender da droga e da via utilizada para administração.

Conforme o tempo de uso e os danos produzidos, poderá ser necessário um esforço de longo prazo, com outras substâncias químicas — desta vez medicamentos controlados e prescritos por um médico — para o restabelecimento das funções orgânicas normais, além de muita terapia.

Essas formas de pensar sobre a questão do dependente químico, a partir do modelo familiar ou de um distúrbio bioquímico, nos ajudam a fugir um pouco dos jargões tão gastos e amplamente debatidos como a clandestinidade, a transgressão, a rebeldia, a mentira ou a infração, que em nada o ajudam, muito menos nos ajudam a entender o complexo drama ao qual muitos se vêem submetidos. É preciso, portanto, humanizar a nossa abordagem sobre um problema humano. Uma coisa é debater sobre a droga e sobre o fenômeno químico e outra coisa completamente diferente é debater sobre a pessoa dependente de drogas.

PRAZER OU PRISÃO

Para entender um pouco melhor como funciona a dependência, podemos dizer que ela se sustenta no tripé compulsão-tolerância-abstinência, pois existe:

- compulsão ou desejo irracional pelo uso imediato da substância;
- tolerância do organismo que metaboliza a droga necessitando cada vez de doses maiores para conseguir um efeito próximo àquele inicial, buscado incessantemente;
- abstinência, que é o conjunto de sintomas desagradáveis que marcam a ausência de uma substância à qual o organismo se habituou de tal forma que já não funciona bem sem ela.

Porém, nem todas as substâncias químicas que geram algum tipo de dependência preenchem esses três requisitos. A cocaína em pó inalada, por exemplo, que é poderosa no sentido de produzir efeito químico e uma exagerada compulsão para o uso repetido, pode não apresentar abstinência pronunciada. Existem, entretanto, outros vícios que não envolvem o consumo de entorpecentes, mas que preenchem perfeitamente a tríade proposta. É o caso das compulsões por jogos de azar, alimentação, sexo, ginástica, roubo etc.

Certa vez, ouvi dizer que tudo pode ser venenoso, dependendo da dose e da freqüência. Não é preciso pensar muito para confirmar a veracidade dessa afirmação.

O prazer, como qualquer recompensa, é bem-vindo e necessário a uma vida saudável. É natural que se busque perpetuar as sensações de bem-estar e de prazer por meio da repetição do mesmo estímulo que certa vez funcionou bem para isso. Na verdade, esse é um modelo bem estabelecido na natureza. Basta olhar para os instintos e verificar que eles também funcionam assim.

Esse é o mecanismo de adaptação das espécies que nos permite sobreviver e nos impulsiona a buscar o que nos faz bem, como comer, dormir e fazer sexo. O problema não está no que se faz em si, mas no afã de repetir demasiadamente o estímulo prazeroso, pois pode ocorrer uma forte adaptação do organismo, que passa a disparar uma reação de ansiedade na sua falta, induzindo o corpo a buscar a repetição desenfreada daquele prazer inicial para sair do terrível desprazer em que se meteu pela falta do mesmo. Significa cruzar a linha que separa o momento em que algo faz bem de quando começa a fazer mal.

Um prazer repetido à exaustão, como o que ocorre no abuso sistemático de drogas, leva ao amortecimento desse prazer, que não retorna mais de forma alguma, ao mesmo tempo em que não se apresenta alternativa de se parar de fazer isso, pois o gatilho do desprazer já foi acionado. Em resumo, o dependente químico fica amarrado à necessidade de buscar prazer numa situação que já não o gera mais. Isso é como dar um nó nos neurônios.

Se alguém busca uma fonte de prazer extra através das drogas, pois se sente incapaz de sobreviver num mundo repleto de fontes de desgosto e frustração, agora, sem prazer algum e acrescido de uma fonte extra de desprazer, ele se lança desesperado às drogas, assim como faz um faminto sobre a comida, mesmo que ela esteja num saco de lixo junto a outras imundícies. Muitos usuários de drogas injetáveis também fazem isso em busca de seringas. Por isso, são mais do que justificadas as medidas de redução de danos, que distribuem seringas descartáveis para usuários que ainda não conseguem dar o passo no sentido de largar as drogas. É para evitar que além da dependência química eles desenvolvam outras doenças como aids e hepatite, só para citar duas viroses graves, agravando ainda mais o panorama que já não é animador.

Por mais que usar drogas possa parecer divertido, a realidade do vício não é nem um pouco engraçada. Na verdade, é uma grande desgraça tanto para quem tem o vício quanto para quem convive com quem o tem.

Droga dá prazer sim e é bom que se diga isso. Mas traz prazer no início ou quando usada ocasionalmente. O que muitos pais e educadores não percebem é que começar com uma mentira põe em risco tudo o mais que for dito depois. É preciso que se diga que há prazer no início, mas que há também o que vem depois, que é muito mais importante: o desprazer, o vício e a destruição.

Não são apenas os jovens que desconhecem a verdade sobre as drogas. Muitos pais desavisados tendem a achar que o filho continua usando drogas, apesar de todos os problemas surgidos, por falta de vergonha na cara, por descaso com o sofrimento da família e com os gastos excessivos com tratamentos.

O equívoco está em acreditar que o jovem não passa de um egoísta, que não aprendeu nada com a experiência e que continua buscando o que parece ser sua dose diária de prazer individual nas drogas.

Mas não é mais prazer. Se for, é o prazer de ficar livre do desprazer por algum tempo. É compulsão e dependência, portanto é prisão e desprazer. É doença e tem tratamento específico, que deve ser disponibilizado.

AS ROTAS DO PRAZER E DA TENSÃO

Muitas são as fontes de prazer de que dispomos. E a grande sede desses prazeres, ou pelo menos a primeira a ser encontrada com grande facilidade é o próprio corpo, com a sua refinada rede de reações bioquímicas e com os órgãos dos sentidos. Assim, degustar, tocar, cheirar, sentir, ouvir, olhar são fontes de intenso prazer que todos nós descobrimos muito cedo, ainda na infância.

Um pouco mais tarde, descobrimos outra forma de obter prazer, ainda através do corpo e de suas reações, por meio de substâncias que o próprio corpo fabrica, como a adrenalina (relacionada às situações de suspense e aventura, entre outras), as endorfinas (relacionadas ao prazer que se obtém após atividade física intensa, sexo etc.) e tantas outras relacionadas à sensação de saciedade e bem-estar.

Com o tempo, o ideal é que o prazer individual dê lugar à busca de um outro tipo, que não vem mais do próprio corpo, ou pelo menos, não exclusivamente dele. É o momento do ingresso na adolescência que traz o convite maior de vivência da sexualidade.

O prazer passa então a transcender os limites de um corpo, buscando, mesmo que em fantasia, outros corpos. Desenvolve-se uma nova qualidade de relacionamento e conseqüentemente de intimidade nas relações dentro e fora de casa. As parcerias exogâmicas, ou seja, as buscadas na intimidade com pessoas de fora do círculo familiar, auxiliam na resolução dos complexos conflitos familiares que surgem nessa fase, ao mesmo tempo em que permitem a saudável eclosão da sexualidade genital com todo o prazer que se pode obter disso.

Nem tudo são flores, porém, e nessa fase despontam alguns complicadores. Um deles é a timidez, oriunda da insegurança natural de quem começa algo novo, com gente nova, e portanto está sensível à opinião alheia.

Para os adultos, isso é normal, mas, para um adolescente, é o fim do mundo, e ele se propõe a qualquer coisa para se livrar disso. Qualquer coisa mesmo.

Outro complicador é a pressa. Uma realidade que corre cada vez mais rápido provoca instabilidades, insegurança e sensação de carência e de vazio que parecem perenes. Esses são sentimentos que ninguém quer ter, por isso corre para tentar aplacá-los imediatamente.

Aí está mais uma brecha para o uso de drogas. Não se percebe a armadilha criada, na qual o que parece solução para o problema pode resultar em sua intensificação, e não em seu desaparecimento. Forma-se um círculo vicioso quando se busca uma suposta cura na velocidade e na fuga, elementos que na verdade alimentam o desequilíbrio.

Está feito o convite formal para as drogas, ou mesmo para outros comportamentos compulsivos, que funcionam como gatilho rápido para descarga de tensão.

CRESCER JUNTO

Numa sociedade em que os interesses pelo mundo e pela vida se restringem, as relações humanas também empobrecem. O casamento passa a ser não com uma pessoa, mas com uma substância química, que pode ser facilmente encontrada a preços acessíveis, que não reclama, não exige nada em troca, a não ser sua saúde física, psíquica e emocional.

Os usuários de qualquer tipo de entorpecente se rendem ao atalho das sensações de bem-estar e relaxamento, apostando suas fichas na manutenção química de uma situação artificial de prazer. E o investimento no engodo chega até mesmo aos nomes de drogas como o ecstasy, a chamada droga do amor, devido às sensações proporcionadas ao corpo e não à alma, como poderia sugerir o nome. O amor e o êxtase são sensações que podem e devem ser alcançadas, mas na relação saudável com outros seres humanos e não com substâncias químicas.

Infelizmente, parece que trilhamos o caminho contrário. O contato rápido e asséptico mantido com outras pessoas é cada vez mais promovido por uma sociedade que se esforça em buscar técnicas e recursos que privilegiem a auto-suficiência em detrimento da aproximação. Esse não é nem de longe o melhor caminho.

Uma vez me perguntaram como é que um livro poderia efetivamente ajudar uma pessoa. Eu respondi que um livro ajuda quando fomenta ou ensina as pessoas a se relacionarem mais e melhor. Eu ainda acho que esse é sempre o melhor caminho.

Outra coisa que acho importante para qualquer faixa etária é abrir espaço para o lúdico, para a diversão. Não são somente as crianças que precisam brincar.

Acredito piamente que é preciso que se resgatem as vias afetiva e lúdica de obtenção de prazer e de satisfação na vida. E como há muitos que pensam como eu, já há várias escolas e ONGs que estimulam o trabalho educacional voluntário de jovens multiplicadores.

O que é isso? É uma forma eficiente e segura de promover a saúde, a cidadania e a justiça social. Jovens são educados para si e para o mundo, onde aprendem que o que aprendem serve para todos e portanto o conhecimento deve circular. Aprendem recebendo e repassando o que aprenderam: informações, cuidados e afeto. E tantos outros itens vão se somando a esses como sensação de pertencimento, preenchimento do vazio existencial, motivação, elevação de sentimentos, ambição positiva, auto-estima e assim por diante.

A boa notícia é que os valores humanos são contagiosos. Ninguém melhor que os próprios jovens, naturalmente idealistas e desejosos de participar da construção de um mundo melhor, para encabeçar, como multiplicadores, novas campanhas contra as drogas, servindo de exemplo.

Assim, em vez de imitar seus ídolos, passam eles mesmos a ser ídolos e a ser copiados no que fazem de positivo. E nós adultos, em vez de levantar apenas um dedo para apontar o que eles fazem de errado, erguemos os dois braços para abraçá-los.

Educar é mais do que dar informação. É ouvir e estar junto. É ensinar alguém a se relacionar de forma saudável com outros seres a partir de um relacionamento verdadeiramente ético e humano. É o tal exemplo que nunca sai de moda.

Tirar as drogas do discurso não as tira do mundo. Mas é bom, de vez em quando, virar o disco.

Quando um cigarro, uma bebida ou uma droga qualquer se torna a melhor companhia, estamos diante da degradação total das relações humanas. Então é sobre as relações que se deve trabalhar e não apenas sobre os produtos químicos. Afinal, o prazer não é um inimigo a ser combatido.

O corpo foi projetado para gerar prazer e não há nada de errado nisso. O problema está no que se faz com isso, no desequilíbrio estabelecido quando não se segue adiante no caminho do desenvolvimento emocional, moral e espiritual, que dependem da proximidade e da participação saudável de outras pessoas.

Por isso é tão adequado fomentar a ajuda mútua nos grupos de iguais. Isso não só é construtivo e educativo, como também dá prazer.

Nesse sentido, a valorização do comunitário também pode ser percebida em outras iniciativas eficientes como os grupos de ajuda mútua já estabelecidos entre adultos como os AAs (Alcoólicos Anônimos) e NAs (Narcóticos Anônimos), que têm feito um excelente trabalho, pois restabelecem a confiança entre as pessoas e estimulam a busca pela convivência amigável.

PREVENÇÃO

É preocupante quando pais e educadores chegam ao ponto de buscar receitas de como identificar se o adolescente está ou não usando drogas. Nesse momento já estamos falando de uma intervenção tardia, pois o uso de droga não é uma mera decisão de momento, um jogo de dados.

O uso de drogas pode ser decorrente de uma série de fatores desencadeantes, sejam físicos, sejam ambientais. Mas, seguramente, ele tem sua pedra fundamental lançada muito antes da eclosão dos sintomas. Podemos pensar, por exemplo, na criança que busca a satisfação imediata de suas necessidades e não encontra alguém que lhe dê, e portanto lhe ensine, o limite que desconhece. Ninguém lhe ensina a tolerar frustração, a palavra "não", a falta, a ausência, a espera.

Educar é difícil, pois não envolve apenas amar e dar informações de qualidade. Requer também ficar no lugar do chato, daquele que põe limites e ensina a lidar com eles, e muitas vezes não cede, porque isso pode ser necessário.

É preciso ensinar que há amor e que há também limites e que um não exclui o outro. Deixar que a vida ou o tempo se encarregue de ensinar a lidar com as frustrações é uma das maiores provas de desamor que se pode dar a um filho.

Ou o adulto assume que o limite, apesar de incômodo para ambas as partes, se faz vital na cartilha de ingresso na vida harmônica em sociedade, ou então ele deve desistir de esperar que floresça um adulto daquela criança, que será sempre uma criança, mesmo que em um corpo de adulto.

Uma educação que não contiver afeto e limite é necessariamente uma educação deficiente. Dar só amor e não colocar limites resulta em adolescentes e adultos inseguros, por não ensinar sobre as verdadeiras regras da vida. Da mesma forma, a presença constante do limite sem a correspondente e necessária manifestação de afeto tende a formar pessoas revoltadas e rancorosas, com dificuldade de vivenciar o amor e as trocas afetivas.

Assim, não há escapatória. A formação do adulto começa na infância e passa pelo que fizemos com sua adolescência.

A prevenção ao uso de drogas será mais efetiva quando realizada antes da adolescência, não necessariamente ensinando-se tudo sobre as drogas, mas, como já vimos, falando e exercendo os valores humanos.

Se o uso de drogas já se estabeleceu, não adianta persistir no modelo de distanciamento afetivo, julgando, cerceando, fiscalizando, reprimindo, brigando. Não que essas ações sejam proibidas e não possam jamais acontecer. Somos humanos e nos sentimos tristes e frustrados quando um filho usa drogas. Mas, mesmo depois de errar ou exagerar em nossa resposta emocional frente ao problema, podemos parar por uns minutos e refletir sobre a questão.

Atitudes extremadas de pais desavisados — seja pelo extremo de reprimir não só a droga, mas até a possibilidade de se falar a respeito, seja pelo oposto que é liberar ou até fumar um baseado junto — serão sempre inadequadas, pois nos extremos não deixamos espaço para alternativas saudáveis e portanto para o aprendizado que toda experiência pode proporcionar.

Voltando à questão inicial, quando os pais se preocupam em descobrir o vício de seus filhos, eles estão na verdade gastando energia no sentido contrário, pois pesquisam a droga e não a pessoa. E os filhos, por mais que façam uso escondido, o que mais desejam é ser descobertos, tanto que sempre deixam algum rastro. Portanto, a questão mais importante não é essa.

A polícia deve investir sua energia na investigação e na repressão, e os pais e educadores devem investir a sua na prevenção e na aproximação humana. É claro que muitas vezes é necessário investigar e reprimir tanto em casa quanto na escola. Mas essa deve ser a exceção, e não a regra.

A regra é que um problema humano se resolve de forma humanizada. Se um pai está bravo e magoado com o filho, deve resolver isso primeiro para depois trabalhar a questão da dependência química que é um assunto muito sério, que pede atitudes pensadas com a cabeça fria.

É fácil dizer que quem usa drogas está fugindo da realidade ou de um problema. Mas quando um adulto não fala a respeito e não busca a aproximação também está fugindo de um problema.

Muitas vezes a dependência química é uma forma de refazer laços familiares, e não de desfazer, como pode parecer numa análise mais rasa do problema. Existem várias formas de estar junto. Nem todas elas são saudáveis. É preciso estar atento e buscar o equilíbrio.

Considerações Finais

Eu fico com a pureza da resposta
das crianças
É a vida, é bonita e é bonita!
Viver e não ter a vergonha de ser feliz
Cantar e cantar e cantar
A beleza de ser um eterno aprendiz
Ah, meu Deus! Eu sei
Que a vida devia ser bem melhor e será
Mas isso não impede que eu repita
É bonita, é bonita e é bonita!

O QUE É, O QUE É?
Gonzaguinha

Foram aqui expostos alguns dos principais aspectos envolvidos no dia-a-dia dos adolescentes e de quem convive direta ou indiretamente com eles, como pais, educadores, terapeutas, treinadores, vizinhos, parentes, enfim, todos os cidadãos. Várias foram as questões que trouxeram um resgate histórico do desenvolvimento humano, desde o período em que não se tinham tantas palavras quantas temos hoje e muito do que se sentia, ou se desejava transpor do mundo interno para o exterior, era expresso da forma acessível àquele momento evolutivo, utilizando-se dos rituais. Seqüências de procedimentos eram dotadas de um significado maior, no intuito de dar uma via de manifestação a algo do ser humano, do qual se tinha orgulho e se pretendia preservar como um tesouro.

Seguramente, muitos desses rituais foram não só vitais para os indivíduos envolvidos, suas famílias ou grupos sociais, como também fundamentais para construir as bases psicológicas de nossa realidade.

Não se pode caminhar e correr se antes não se engatinhou. Ter engatinhado um dia não é vergonha nem desmerecimento.

É, antes disso, fundamental para o pleno amadurecimento das fases subseqüentes. Não se pode construir um prédio sem que se preparem as fundações. Tampouco deve-se ficar somente nas fundações, caso contrário o prédio jamais surgirá.

Aquilo que se concretizou no corpo de um ritual, na era primitiva, configurava a maneira de celebrar uma transição. Era a forma encontrada para transformar algo eminentemente individual num ato coletivo, num componente da paisagem social de determinada cultura. Os rituais auxiliavam os mais jovens a construir as bases da próxima etapa de suas vidas e os mais velhos a se unir a eles pelo mesmo sentimento, ao recordar o passado.

Dessa maneira foram compostas não somente as histórias individuais e de pequenos agrupamentos humanos, mas a de toda a humanidade.

A atribuição de um significado comunitário àquilo que se vivencia intensamente no mundo intrapsíquico é uma das bases da construção da cultura de um povo por contribuir grandemente para o estabelecimento de padrões de relação social.

Assim, é possível concluir que o fato de a adolescência constituir uma fase de profundas transformações físicas, psicológicas e sociais já era de conhecimento de povos muito antigos, na medida em que buscavam socializar o evento individual da maturidade corpórea através dos rituais de passagem e das celebrações. Aquilo que começou como um rito individual foi se alargando para um período mais amplo de celebrações que envolvia maior número de pessoas, quando não toda a comunidade. O tempo foi passando e esse conjunto de celebrações também aumentou, chegando a constituir o que hoje se conhece como período da adolescência, que também continua crescendo. Cabe lembrar, porém, que a expectativa de vida dos seres humanos aumentou muito, fato que apresenta evidente impacto sobre a duração de todas as suas fases constituintes.

A ampliação do lapso de tempo de um período evolutivo não implica necessariamente ganho. Ainda mais se ele não vier acompanhado de um significado maior. Seria o resgate da velha máxima teórica de que o tempo deveria ser aproveitado em seu valor qualitativo, e não quantitativo, uma vez que mais não significa melhor.

Os questionamentos que se lançam transcendem o fenômeno de inchaço temporal do que deveria ser apenas uma fase passageira e agora se apresenta como momento de ancoragem para muitos.

Não se desvencilhar de uma etapa de desenvolvimento psicológico e passar para o próximo estágio evolutivo do ciclo vital muito provavelmente significa que não se aprendeu ou não se abandonou o que era necessário. Seria como o que ocorre em um processo de repetição ou até de evasão escolar, ampliado para a vida como um todo.

Da mesma forma que o currículo escolar tem aumentado galopantemente nas últimas décadas, em virtude do exponencial progresso científico, o mesmo se dá com as demandas sociais também alteradas. O que acontece é que estamos todos, independentemente da geração a que pertencemos, vivendo um período de transição mundial, em que a instabilidade reina e os modelos teóricos são insuficientes para dar suporte e contenção ao que se apresenta. Assim, é possível que praticamente tudo o que foi dito neste livro sobre o adolescente e sua passagem psicológica possa ser transposto para a vida de qualquer adulto, que vive atualmente num mundo em crise de identidade.

É disso que fala a ecologia, quando adverte que aquilo que ocorre com o planeta também ocorre conosco. Estamos todos atados uns aos outros e ao globo, e é exatamente essa a crise mundial da globalização. A mata queimada aqui aumenta a temperatura dali. O *iceberg* que derrete lá provoca as inundações de acolá, e assim por diante. E a infelicidade do adolescente daqui repercutirá sobre a felicidade ou não de várias outras pessoas, numa reação em cadeia mundial.

Não apenas as doenças físicas, como as sexualmente transmissíveis, atingem um enorme número de pessoas em rede de relações sem que nem mesmo se dê conta do efeito de um ato isolado ou do lugar que se ocupa na rede. O fato é que a humanidade se encontra em um novo momento evolutivo que pede maior responsabilidade, já que o conhecimento também é maior. Uma vez conscientes do poder, mesmo involuntário, de nossos atos, tornamo-nos mais responsáveis por eles, não cabendo mais as desculpas de que se desconhecia isso.

Criar um filho é construir o futuro, mas não apenas isso. É viver o presente. E é também presentificar o passado, podendo-se ressignificá-lo e utilizá-lo como matéria-prima de excelente qualidade. Há quem diga que conselhos são lixo reciclado. Pois então vamos aproveitá-lo, já que vivemos na era da reciclagem, em que todo desperdício é malvisto.

Lixo reciclado não é mais lixo. É algo novo. Se não pensarmos assim, então seremos lixo também, pois nossas células compõem-se dos mesmos elementos que constituíram milhões de outros corpos antes do nosso. Corpos humanos ou não. Às vezes, nem de animais. A base material disponível no planeta é uma só. O que muda são as novas combinações que se fazem. Então é preciso misturar criatividade com inteligência, ou seja, integrar os dois hemisférios cerebrais para construir um ser humano melhor, para um mundo melhor.

Cuidar bem da juventude significa fazer bem seu papel na corrente da vida. A adolescência não é apenas uma fase difícil de lidar, mas é principalmente difícil de passar. Assim como ocorre desde o tempo dos rituais de passagem, a maneira de um adulto lidar com um jovem na adolescência refletirá muito do que também foi sua adolescência, como viveu suas expectativas e frustrações e, no balanço final, se continua capaz de sonhar, pois o sonho é o alimento principal na dieta do adolescente. Infelizmente, muitos estão padecendo de inanição onírica.

Quantas vezes, na rotina de consultório médico ou psicológico, não comparecem pais que trazem filhos adolescentes ou pré-púberes absolutamente normais, mas que, com sua explosão de energia e questionamentos, abalaram defesas há tantos anos estruturadas e tidas como inabaláveis? O adolescente modifica a si e ao ambiente ao redor quando questiona os adultos sobre a condução que estes dão à própria vida e sobre o esquecimento das promessas feitas na juventude. Os adultos não são mais poderosos só porque já passaram por tudo isso. Muito pelo contrário. O adolescente os despotencializa a todo momento, impulsionando o processo de amadurecimento de todos à sua volta.

O pai pode até ficar feliz ao ver o filho alisar uma barba imaginária ou um ralo bigode de penugem clara. Mas ficará furioso ao saber que o filho já fuma escondido ou se embebeda nas festinhas de fim de semana. E os desencontros grassam...

Os filhos têm nos pais o primeiro modelo. E, como desejam ardentemente provar que não são mais crianças, muitas vezes exageram no mimetismo de características captadas de seus genitores. Imitam os pais não apenas naquilo que se encontra explicitado ou evidente, mas principalmente naquilo que os pais mais se esforçam por esconder. São os interesses proibidos os mais cobiçáveis, como as questões sexuais, as que envolvem drogas ou transgressões e, principalmente, os padrões inconscientes de relacionamento.

A adolescência passa a se caracterizar por um estado de transição em que a insatisfação é pronunciada entre ambas as gerações, a de pais e a de filhos. Um fica testando o limite do outro, como num jogo de cabo-de-guerra.

A sexualidade atinge seu auge, assim como a respectiva repressão social. E o caldo dos paradoxos parece só engrossar. O jovem passa a sentir-se um estrangeiro em seu lar e no mundo todo. Lança mão dos recursos de que dispõe para buscar um significado para o que se passa consigo e a seu redor. Num movimento instintivo, o jovem contemporâneo procura criar os próprios rituais, muitas vezes nada simbólicos, além de extremamente perigosos e autodestrutivos, dada a sua explicitude.

Existe uma morte a ser significada, mas é uma morte simbólica. O luto sobre a infância, por vezes, possui intensidade tão marcante que fornece uma tonalidade por demais dramática a suas manifestações. E como os pais também terão de elaborar o mesmo luto em relação à infância dos filhos que crescem, não raro o problema advém da diferença entre ritmos, onde um lado já está escancarando uma realidade que a outra parte ainda se esforça por camuflar. O resultado disso é mais um ponto para o desencontro.

As interrogações fazem parte da vida e não são prerrogativa do adulto, da criança nem do adolescente. Pertencem a todas as fases por ser algo do ser humano, e não da idade. Porém, no caso da adolescência, a intensidade da explosão emocional dá um colorido mais vibrante aos questionamentos, mobilizando de forma mais ampla o ambiente familiar como um todo.

Mas a relação com um adolescente não pode ser o resultado da injeção de teorias ou conceitos psicológicos no comportamento dele. Conhecimentos teóricos, assim como é próprio da adolescência, servem de defesa intelectual contra a angústia do conflito ou contra a ansiedade antecipatória que se mobiliza ante o desconhecido.

A nova experiência de relacionamento humano catalisada pelos adolescentes nos adultos ao redor pode despertar nestes últimos uma intensa e indesejável ansiedade que eles pretendem compensar através da leitura específica sobre o tema. Cabe lembrar, porém, que o saudável desenvolvimento da capacidade de estar presente e aberto ao novo serve de modelo para o enfrentamento das angústias correspondentes do jovem. Essa presença não precisa mais ser física, como era o caso em relação à criança. Mas, seguramente, ainda é necessário que seja de alguma forma palpável e real.

Os principais ritos de passagem foram gestados há milênios, através do contato constante com a natureza, e de fato atenuavam a discórdia intergeracional por tratar de todas essas questões conflitantes numa data marcada, abrangendo todas as pessoas envolvidas. Suas funções principais eram permitir o desenvolvimento de disposições latentes, facilitar o contato e o intercâmbio social, promover o autoconhecimento, fornecer informações e modelos de identificação, além de estabelecer de forma clara as regras sociais e os valores morais daquela comunidade. Porém, rituais como marcadores sociais da maturidade sexual foram barbaramente eliminados e substituídos por comportamentos desviantes, alimentados por uma cultura carente do contato com a natureza, empobrecendo e patologizando ainda mais as relações sociais que se transmitem em cadeia.

Sociedades em rápida transformação como a nossa impõem uma série de obstáculos e desigualdades que serão sentidos principalmente na deturpação dos princípios que constituem as regras do contato social. Como nem todos os componentes de um agrupamento social possuem o mesmo ritmo de adaptação às mutações que ocorrem à volta, as grandes assimetrias formadas entre os cidadãos representam um dos importantes obstáculos para a constituição de um desejável nível de reciprocidade e para servir como instrumento de arranjo social confortável e integrador na coletividade. Nossa sociedade está sedenta de celebrações que possam estimular a aproximação entre as pessoas, sejam elas da mesma família consangüínea, sejam da família maior, que é a humanidade.

Os rituais de um tempo já não servem mais. Mas, assim como os costumes e valores foram se adequando às novidades trazidas pelas novas gerações, o mesmo deveria ser aplicado aos ritos de passagem, em vez de simplesmente ser abolidos.

Celebrar é preciso!

Bibliografia

ABERASTURY, A.; KNOBEL, M. *La adolescencia normal.* Buenos Aires: Paidós, 1976.

ABRAMOVAY, M.; WAISELFISZ, J. J.; ANDRADE, C. C.; RUA, M. das G. *Gangues, galeras, chegados e rappers* — Juventude, violência e cidadania nas cidades da periferia de Brasília. Rio de Janeiro: Garamond/IAS, 1999.

ABRAMOVICH, F. (org.) *Ritos de passagem de nossa infância e adolescência* — Antologia. São Paulo: Summus, 1999, 3ª ed.

ARANHA, M. L. de A.; MARTINS, M. H. P. *Filosofando* — Introdução à filosofia. São Paulo: Moderna,1991.

ASSOCIACÃO PARCERIA CONTRA DROGAS. *Crescendo sem drogas* - Um guia de prevenção para pais e educadores. São Paulo: APCD, 2002.

BARBIERI, G. P. *Tahiti tattoos.* Germany: Taschen,1998.

BERTHOUD, C. M. E.; BROMBERG, M. H. P. F.; COELHO, M. R. M. *Ensaios sobre formação e rompimento de vínculos afetivos.* São Paulo: Cabral Ed. Universitária, 1998, 2ª ed.

BURKHARD, G. *Tomar a vida nas próprias mãos* — Como trabalhar na própria biografia o conhecimento das leis gerais do desenvolvimento humano. São Paulo: Antroposófica, 2000.

CAMPBELL, J. *O poder do mito.* São Paulo: Palas Athena, 1993.

CAPRA, F. *O ponto de mutação* – A ciência, a sociedade e a cultura emergente. São Paulo: Cultrix, 1997.

CARTER, B.; McGOLDRICK, M. *As mudanças no ciclo de vida familiar* – Uma estrutura para a terapia familiar. Porto Alegre: Artmed, 2001.

CERVENY, C. M. O; BERTHOUD, C. M. E. (*et al.*) *Família e ciclo vital* – Nossa realidade em pesquisa. São Paulo: Casa do Psicólogo, 1997.

CIRLOT, J.E. *Dicionário de símbolos.* São Paulo: Moraes, 1984.

COHEN, D. *The circle of life* – Rituals from the human family album. USA: Harper San Francisco, 1991.

COMFORT, A. *ABC do amor e do sexo* – Orientação sexual para adolescentes. São Paulo: Abril Cultural, 1980.

COMMELIN, P. *Mitologia grega e romana.* Rio de Janeiro: Ediouro, 1985.

CONSENTINO, E. N. U. *Para educar é preciso pensar* – Reflexões dirigidas a pais e educadores de adolescentes. São Paulo: Organon, 2000.

COSTA, A. C. G. *A presença da pedagogia* – Teoria e prática da ação socioeducativa. São Paulo: Global/IAS, 1999.

ELIADE, M. *Mito e realidade.* São Paulo: Perspectiva, 1986, 2ª ed.

ELKAÏM, M. *Se você me ama, não me ame* – Abordagem sistêmica em psicoterapia familiar e conjugal. Campinas: Papirus,1990.

ENCICLOPAEDIA BRITANNICA. USA: The University of Chicago, 1976.

EY, H.; BERNARD, P.; BRISSET, C. *Manual de psiquiatria.* São Paulo: Atheneu/Masson, 1989, 5ª ed.

FREUD, A. *O ego e os mecanismos de defesa.* Rio de Janeiro: Civilização Brasileira, 1983, 7ª ed.

GAY, P. (1992) *Sigmund Freud* – Obras psicológicas – Antologia. Rio de Janeiro: Imago, 1992.

GABBARD, G. O. *Psiquiatria psicodinâmica* – Baseado no DSM-IV. Porto Alegre: Artmed, 1998, 2ª ed.

GRANDESSO, M. A. *Sobre a reconstrução do significado* – Uma análise epistemológica e hermenêutica da prática clínica. São Paulo: Casa do Psicólogo, 2000.

GRONING, K. *Body decoration — A world survey of body art*. USA: The Vendome Press, 1998.

GRÜNSPUN, H. *Autoridade dos pais e educação da liberdade*. São Paulo: Almed, 1985, 3ª ed.

____________. *Crianças e adolescentes com transtornos psicológicos e do desenvolvimento*. São Paulo: Atheneu, 1999.

KALINA, E. *Drogas, terapia familiar e outros temas*. Rio de Janeiro: Francisco Alves, 1991.

KAUFMANN, P. *Dicionário enciclopédico de psicanálise* — O legado de Freud e Lacan. Rio de Janeiro: Jorge Zahar, 1998.

KUSNETZOFF, J. C. *Psicoterapia breve na adolescência*. Porto Alegre: Artes Médicas, 1993.

LURIE, A. *A linguagem das roupas*. Rio de Janeiro: Artemídia/Rocco, 1997.

MORATO, H. (org.) *Aconselhamento centrado na pessoa* — Novos desafios. São Paulo: Casa do Psicólogo, 1999.

OLIVEIRA, O. *Anabolizantes* — Tire suas dúvidas. São Paulo: Organon, 2001.

RAPPAPORT, C. R.; FIORI, W. da R.; DAVIS, C. *A idade escolar e a adolescência*. São Paulo: EPU, 1982.

RASSIAL, J. J. *A passagem adolescente* — Da família ao laço social. Porto Alegre: Artes e Ofícios, 1997.

SARTORI, G. *Homo videns* — Televisão e pós-pensamento. Bauru: Edusc, 2001.

STERIAN, A. *Emergências psiquiátricas — Clínica Psicanalítica*. São Paulo: Casa do Psicólogo, 2000.

ZIMERMAN, D. E. *Vocabulário contemporâneo de psicanálise*. São Paulo: Artmed, 2001.

CONTATOS COM A AUTORA:

R. Andréa Paulinetti, 49
CEP: 04707-050 – São Paulo – SP
Fone: (11) 5181-6021
e-mail: valpigozzi@yahoo.com.br

Veja outras publicacões da Editora Gente

1. Casais Inteligentes Enriquecem Juntos – Finanças para casais
Gustavo Cerbasi
2. As Coisas Boas da Vida
Anderson Cavalcante
3. Empregabilidade – Como ter trabalho e remuneração sempre
José Augusto Minarelli
4. Energize-se – Alternativas para melhorar sua qualidade de vida sem radicalismos
Virginia Nowicki
5. Mentes Inquietas – Entendendo melhor o mundo das pessoas distraídas, impulsivas e hiperativas
Ana Beatriz B. Silva
6. Metacompetência – Uma nova visão do trabalho e da realização pessoal
Eugenio Mussak
7. Metanóia – Uma história de tomada de decisão que fará você rever seus conceitos
Roberto Adami Tranjan
8. Ninguém Tropeça em Montanha – Cuide dos detalhes da vida
Tadashi Kadomoto
9. Organize-se – Soluções simples e fáceis para vencer o desafio diário da bagunça
Donna Smallin
10. Pedagogia do Amor – A contribuição das histórias universais para a formação de valores das novas gerações
Gabriel Chalita
11. Quem Ama, Educa!
Içami Tiba
12. O Sucesso É Ser Feliz
Roberto Shinyashiki
13. Virando Gente Grande – Como orientar os jovens em início de carreira
Sofia Esteves do Amaral
14. Você É do Tamanho de seus Sonhos – estratégias para concretizar projetos pessoais, empresariais e comunitários
César Souza
15. O Vôo do Cisne – A revolução dos diferentes
José Luiz Tejon Megido

Impressão e Acabamento:
Gráfica e Editora Alaúde ltda.
R. Santo Irineu, 170 – SP – Fone: (11) 5575-4378